Jovita Alves Feitosa

Jovita Alves Feitosa

Voluntária da pátria,
Voluntária da morte

José Murilo de Carvalho

Copyright © 2019 by José Murilo de Carvalho
1.ª reimpressão revista: 2020

CHÃO EDITORA
EDITORA Marta Garcia
EDITOR-ADJUNTO Carlos A. Inada

CAPA, PROJETO GRÁFICO E DIAGRAMAÇÃO Mayumi Okuyama
PREPARAÇÃO Carlos A. Inada
REVISÃO Isabel Cury e Cláudia Cantarin
DIGITAÇÃO E COTEJO DE *Traços biográficos da heroína brasileira Jovita Alves Feitosa* Maria Fernanda A. Rangel/Centro de Estudos da Casa do Pinhal
PESQUISA ICONOGRÁFICA Ana Laura Souza
PRODUÇÃO GRÁFICA Lilia Góes
TRATAMENTO DE IMAGENS Jorge Bastos

DADOS INTERNACIONAIS DE CATALOGAÇÃO NA PUBLICAÇÃO (CIP)
(CÂMARA BRASILEIRA DO LIVRO, SP, BRASIL)

Carvalho, José Murilo de
    Jovita Alves Feitosa : voluntária da pátria, voluntária da morte / José Murilo de Carvalho. — São Paulo : Chão Editora, 2020.

    1. reimpr. da 1. ed. de 2019.
    Bibliografia
    ISBN 978-65-80341-00-9

    1. Brasil. Exército. Voluntários da Pátria 2. Brasil – História – Guerra do Paraguai, 1864-1870 3. Feitosa, Jovita Alves, 1848-1867 I. Título.

20-35197   CDD-920.720981

Índices para catálogo sistemático
1. Brasil : Mulheres : Biografia 920.720981
Maria Alice Ferreira – Bibliotecária – CRB-8/7964

Grafia atualizada segundo as regras do Acordo Ortográfico da Língua Portuguesa (1990), em vigor no Brasil desde 1.º de janeiro de 2009.

chão editora ltda.
Avenida Vieira de Carvalho, 40 — cj. 2
CEP 01210-010 — São Paulo — SP
Tel +55 11 3032-3726
editora@chaoeditora.com.br
www.chaoeditora.com.br

Sumário

7   Apresentação

12 TRAÇOS BIOGRÁFICOS DA HEROÍNA BRASILEIRA JOVITA ALVES FEITOSA — *Um Fluminense*

41 A Guerra do Paraguai e os voluntários da pátria
59 A voluntária da pátria Jovita Alves Feitosa
68 37 dias de glória
97 A voluntária da morte
116 Conclusão: Jovita polissêmica

131 Cronologia
136 Notas
146 Fontes e bibliografia
151 Créditos das ilustrações

Apresentação

É extensa a lista de mulheres guerreiras na história universal. A vida de quase todas se compõe de um misto de verdade e mito, de fatos e fantasias, desafio para historiadores, prato feito para ficcionistas. O Brasil não é exceção. Nossa história registra a presença delas desde os tempos coloniais, lutando às vezes como mulheres, às vezes travestidas de homens. Também entre nós os relatos de suas vidas combinam com frequência mito e realidade. É esse o caso de Jovita Alves Feitosa, uma voluntária da Guerra do Paraguai que tem merecido a atenção de ficcionistas e historiadores, mais dos primeiros que dos segundos. Este livro pretende ser um esboço de biografia de Jovita, buscando distinguir, na medida do possível, fato e mito, sem esquecer que, de algum modo, a mistura dos dois faz parte da própria complexidade da personagem.

Em 28 de dezembro de 1864 o Paraguai invadiu a província de Mato Grosso, entrando em guerra com o Brasil, país que na época não dispunha de forças militares suficientes para enfrentar uma guerra externa. O Governo dirigiu-se, então, à população, pedindo voluntários. A imprensa da Corte e das principais capitais provinciais reproduziu e reforçou o apelo do Governo. Apesar da precariedade das comunicações, o chamado chegou a regiões remotas do país e criou um ambiente de excitação patriótica.

As notícias da guerra e o chamamento do Governo chegaram até Jaicós, no interior do Piauí. Lá, uma sertaneja cearense de dezessete anos, Jovita Alves Feitosa, de família modesta, apesar do sobrenome, tomou conhecimento dos fatos. Indignada, como declarou, com as crueldades cometidas pelos paraguaios contra as mulheres brasileiras no Mato Grosso, resolveu atender ao chamado. Vestiu-se de homem, foi para a nova capital, Teresina, e se apresentou como voluntário para matar paraguaios. Descoberto o disfarce, Jovita foi, mesmo assim, aceita como voluntária pelo presidente da província, no posto de segundo-sargento.

Nesse posto, e incorporada ao 2.º Corpo de Voluntários do Piauí, fez um percurso triunfal de Teresina ao Rio de Janeiro, passando por São Luís, Recife, Paraíba (hoje João Pessoa), Salvador. Foi recebida em palácios presidenciais, exaltada nos teatros, presenteada, bombardeada com versos e aplausos.

Chamaram-na a Joana d'Arc brasileira. Na Corte, repetiu-se o clima de exaltação. Mas logo veio uma ducha de água fria: a Secretaria da Guerra recusou sua incorporação como combatente. Só poderia ser aceita para o serviço de saúde, como já o fora a baiana Ana Néri.

Frustrada e desorientada, Jovita voltou para Teresina, mas acabou retornando à Corte, onde, segundo um jornalista do *Correio Mercantil*, se tornou uma das "elegantes do mundo equívoco". Jovita desapareceu do noticiário jornalístico até 10 de outubro de 1867, quando foi divulgado que, agora voluntária da morte, se suicidara na véspera com uma punhalada no coração, à Praia do Russel, 43, onde residia seu amante, o engenheiro galês Guilherme Noot. A razão imediata da trágica decisão fora a partida do engenheiro para a Inglaterra na manhã do dia 9, sem dela se despedir pessoalmente. Vários jornais da Corte publicaram obituários que foram reproduzidos por outros em diversas capitais provinciais. Alguns poemas e novelas lhe foram dedicados.

Depois, silêncio quase total envolveu sua memória. Mas nos últimos 25 anos seu nome reapareceu em livros que mesclam mito e realidade. O mito mais poderoso tem a ver com sua morte. Desafiando evidências em contrário, começou-se a admitir, ou a imaginar, a morte heroica da voluntária nos campos de batalha do Paraguai. A par disso, sua memória passou a ser recuperada também como heroína de outra guerra, a das mulheres, pela igualdade de direitos. Talvez tenha sido por conta dessas releituras que foi apresentado em 2013 na Câmara dos Deputados projeto que pedia sua inscrição no Panteão da Pátria e da Liberdade Tancredo Neves, localizado em Brasília. Em 2017 o projeto foi transformado em lei e, em cerimônia oficial no dia 12 de dezembro de 2018, Jovita tornou-se heroína da pátria.

Escrever sobre Jovita, buscar entender seus sonhos e sua luta, não foi tarefa fácil. Ela não deixou escritos. Só há três registros confiáveis de declarações suas. Um deles consta do depoimento que deu ao chefe de polícia de Teresina; outro é uma entrevista concedida no Rio de Janeiro a um biógrafo, escondido sob o pseudônimo de Um Fluminense; o terceiro, uma conversa em hotel do Rio de Janeiro e um poemeto de alguém que também se ocultou sob pseudônimo, o de Sisno de Fashera. A carta de suicídio encontrada pela polícia em seu bolso não pôde ser localizada. Mas, acrescentando a esses documentos o amplo noticiário jornalístico, os artigos em jornais e revistas, os poemas, as novelas e fotografias, temos material suficiente para reconstituir boa parte de sua vida após a apresentação como voluntária. Essas fontes permitem também vislumbrar algumas características de sua personalidade e as complexas relações que se estabeleceram entre ela e a sociedade de seu tempo. Se agregou e inspirou como heroína da pátria, Jovita também desagregou ao desafiar o papel atribuído à mulher em uma sociedade patriarcal. Aos que a exaltavam como mulher pública no sentido cívico, contrapunham-se os que a desclassificavam como mulher pública no sentido moral predominante na época. Jovita foi mulher polissêmica, aberta a múltiplas leituras. Ela merece ser mais bem conhecida.

Neste livro, preocupei-me em dar voz aos personagens, colocando o leitor em contato direto com os documentos de época. No caso de Jovita, as fontes são fragmentadas e de natureza variada. Apresentá-las em bloco desorientaria o leitor. Optei por dividi-las de acordo com os passos de Jovita como voluntária da pátria, como Joana d'Arc do Brasil, como voluntária da morte e como objeto de novas apropriações. Para transmitir logo de início o sabor da época, reproduzo, a seguir, a pequena biografia publicada em 1865, escrita por Um Fluminense (José Alves Visconti Coaraci), até hoje a principal fonte sobre a voluntária.

Traços biográficos da heroína brasileira Jovita Alves Feitosa[1]

Ex-sargento do 2.º Corpo de Voluntários do Piauí
Natural do Ceará

por Um Fluminense [2]

ANTES DE COMEÇAR

Levantem-se embora os espíritos mofadores condenando estas páginas, inspiradas pelo sentimento nacional; nós unicamente nos contentamos de ter seguido os grandes exemplos, e de não ter lançado no olvido o nome de uma brasileira, cujo patriotismo espontaneamente gerado em seu peito, e amaldiçoado pelos indiferentes, foi concentrar-se em sua alma para reviver em melhores tempos.

A geração futura nos fará justiça.

Do Autor.

I

Ergueu-se o altar da pátria mais alto do que nunca.

O sentimento nacional, ofendido pelos ultrajes desse déspota do Paraguai, se manifestou de uma maneira estrondosa.

Os lamentos dolorosos dessas vítimas, sacrificadas às ambições de um povo estúpido e sanguinário, fizeram reunir junto do trono imperial todos os corações verdadeiramente brasileiros.

O espírito de patriotismo, que parecia adormecido, levantou-se grande e sublime.

Milhares de voluntários moços e de um futuro esperançoso surgiram como que por encanto de todos os ângulos do Império.

Operou-se um desses prodígios que eternizam e cobrem de glória os belos feitos de uma nacionalidade briosa.

Todos se apresentam trazendo suas oferendas, seu ouro, seus serviços, e mais que tudo — seus próprios filhos!

Belas recordações dos tempos idos! Exemplos sublimes para o futuro!

O altar da pátria, coberto de prendas preciosas, ilustrado por atos de civismo, oferece um desses espetáculos fascinadores, que esperta a imaginação, infundindo o gênio marcial no peito de seus cidadãos.

A indignação pública tendo se tornado extrema foi atingir cruelmente o coração ardente de uma filha obscura do povo.

— Uma menina de dezoito anos incompletos, tomando toda a coragem diante desses acontecimentos vertiginosos, que iam arrastando os ânimos para um martírio, que já se prolongava, apresentou-se pobre e singela, tendo n'alma o sentimento generoso das mulheres espartanas, ajoelhou-se ante o altar da pátria, e aí prestou um juramento solene de amor e dedicação eterna!

Tal era o poder da vontade, que ela procurava sobrepujar o melindre da sua natureza fraca, querendo atirar-se aos perigos da guerra entre os gritos dos combatentes e deste modo assistir ao derradeiro expirar de uma República ingrata!

Fez votos de tomar as armas para bater os inimigos, e de nunca abandoná-las senão nessa hora extrema em que ela também soltasse o último alento de vida.

E ela se compenetrou de todo esse sentimento.

Teve coragem bastante para o sacrifício!

II

Jovita Alves Feitosa! — Eis a *heroína brasileira*, segundo a consagração popular.

Nasceu no dia 8 de março de 1848, debaixo da atmosfera puríssima desse lindo céu do Ceará, em Inhamuns, numa casinha pobre, situada lá na povoação chamada Brejo Seco.

Aí se criou junto de sua mãe d. Maria Rodrigues de Oliveira, e de seu pai Simeão Bispo de Oliveira, filho de Simões Dias, natural da Bahia.*

Sua vida passou-se esquecida nesses brincos da infância junto dos sorrisos de seus irmãos, dos quais conserva vivas saudades.

Bem cedo essas alegrias da infância foram perturbadas pelo pranto!

Em 1860 perdeu sua mãe, morta pela *Cólera morbus*; e assim como Carlota — *o anjo da revolução*, achou-se logo privada das carícias maternas.

Havia portanto um vácuo no seu coração, que mais tarde precisava ser preenchido.

Corriam os sucessos nessa luta entre o Brasil e o Paraguai.

Deixando o lar paterno veio para casa de um tio, chamado Rogério, mestre de música, em Jaicós, com destino de se dedicar a essa arte.

A repercussão dos sofrimentos da pátria foram despertá-la nesse estreito horizonte, onde ela vivia longe do sol da Corte.

---

* No interrogatório a que procedemos particularmente disse-nos que era filha de Maximiniano Bispo de Oliveira e de d. Maria Alves Feitosa. Nós nos cingimos ao depoimento feito perante o dr. chefe de polícia do Piauí.

O desespero público, a narração triste e sanguinolenta das devastações, pilhagens, e atrocidades cometidas pelas forças invasoras do Paraguai, impressionou-a fortemente.

Um dia ao cair do crepúsculo pelo infinito, seu espírito magoado concentrou-se nesse quadro elegíaco, que mais se apura no silêncio dos sertões, e sua imaginação foi assaltada pelas cenas de sangue e de miséria, infligidas pelo déspota do Paraguai.

Nem as flores, nem o romper das alvoradas, nem mesmo o sorriso da família, nada deleitava o seu espírito. — Era preciso abandonar a pobre cabana de seu velho pai, tesouro precioso dos melhores tempos da vida. — Era forçoso que ela se revestisse de toda a coragem para deixar a doce habitação de seus dias de infância, — esses sítios onde cada flor lhe marcava uma lembrança querida, e dizer adeus aos pássaros da campina, aos crepúsculos da montanha, a tudo enfim dizer *adeus!*

Decidiu-se sempre e tomou uma resolução firme.

Tinha diante de si setenta léguas para caminhar!

— Era preciso muita coragem para afrontar os perigos dos campos, o silêncio das estradas, o terror das noites, e garantir a sua fragilidade de todos os ataques da torpeza e do vício.

Admirável sacrifício!

Não lhe faltaram as forças para realizar essa marcha tão tormentosa.

Logo que chegou a Teresina, capital do Piauí, tomou trajes grosseiros de homem, cortou os cabelos com uma faca, tomou um chapéu de couro, e assim vestida dirigiu-se ao Palácio da Presidência, pedindo para ser alistada *voluntário da pátria*.

A este respeito ouçamos o que diz *A Imprensa* de Teresina:[3]

Apresentou-se nesta cidade uma interessante rapariga de dezoito [dezessete no jornal] anos de idade, de tipo índio, natural de Inhamuns, vinda de Jaicós, desta província, trajando vestes de homem rude, e ofereceu-se ao ex.^{mo} presidente como "voluntário da pátria". Aceito como tal, é pouco depois, na rua ou na casa do mercado, descoberto o seu sexo; é levado à polícia e interrogado. Confessa o seu disfarce, e envergonhada — chora, porque teme não poder mais seguir seu intento, e pede encarecidamente que a aceitem como voluntário. Seu maior desejo, diz ela, é bater-se com os monstros que tantas ofensas têm feito às suas irmãs de Mato Grosso; é vingar-lhes as injúrias ou morrer nas mãos desses tigres sedentos. Fazendo-se-lhe sentir a fraqueza de seu sexo, só lamenta não ser aceita.

S. Ex. acedeu a tão ardentes desejos.

Hoje a vimos de saiote e farda com as insígnias de primeiro-sargento [sic].

Mostra-se satisfeita e resoluta sempre. Não lhe causam emoção os perigos da guerra.

Talvez que a nossa voluntária faça atos de bravura, e qual outra Maria Quitéria de Jesus, da guerra da independência na Bahia, venha a merecer, como aquela mereceu do Primeiro Reinado, uma banda de oficial e a venera de uma ordem honorífica.

Sobre o mesmo assunto lê-se na *Liga e Progresso*[4] da mesma cidade:

A voluntária da pátria. — Em um destes últimos dias apareceu no Palácio da Presidência, pedindo para ser alistado voluntário da pátria, um jovem de dezessete anos de idade, pouco mais ou menos, estatura regular, vestido simplesmente de camisa e calça, e trazendo na mão um chapéu de couro. S. Ex. o sr. dr. Franklin Doria, aceitando-o como tal, lhe ordenara que no dia seguinte se apresentasse para ser aquartelado. Algumas pessoas, porém, notaram e ficaram prevenidas sobre os sinais característicos desse jovem voluntário, que mais lhes indicavam ser uma mulher do que um homem, e não o perderam mais de vista.

Às cinco horas da tarde do dia designado para o aquartelamento do jovem voluntário, uma multidão imensa o acompanhava para a casa do sr. dr. chefe de polícia, onde chegando declararam algumas pessoas que esse indivíduo, que se dizia voluntário da pátria, era uma mulher disfarçada em homem. O sr. dr. Freitas mandou entrar o suposto voluntário, e procedeu-lhe ao interrogatório que aqui damos publicidade.

"INTERROGATÓRIO

"Auto de perguntas a um voluntário da pátria, que foi conhecido ser mulher.

"Aos nove dias do mês de julho do ano do nascimento de Nosso Senhor Jesus Cristo de mil oitocentos e sessenta e cinco, nesta cidade de Teresina em casa da morada do meritíssimo dr. chefe de polícia José Manuel de Freitas, comigo escrivão do seu cargo, abaixo nomeado, aí achando-se presente Antônio Alves Feitosa, livre de ferro e sem coação, por ele dr. chefe de polícia da província, *ex-officio*, lhe foram feitas as seguintes perguntas:

"Perguntado qual o seu nome, idade, estado, naturalidade, filiação, meios de vida e residência. Respondeu chamar-se Antônia Alves Feitosa, conhecida desde menina pelo apelido de Jovita, com dezessete anos de idade, solteira, natural dos Inhamuns, da província do Ceará, ser filha de Simeão Bispo de Oliveira e de Maria Rodrigues de Oliveira, viver de suas costuras, ser moradora no Brejo Seco, no Inhamuns, e somente de há sete meses para cá na vila de Jaicós, desta província.

"Perguntado quando saiu da vila de Jaicós para esta capital, que destino tinha? Respondeu que saiu a vinte do mês passado, diretamente para esta capital, com o único fim de ver se podia ser aceita para a Guerra do Paraguai.

"Perguntado em companhia de quem veio? Respondeu que veio para aqui com os voluntários que trouxe o sr. capitão Cordeiro, tendo declarado aos mesmos qual sua intenção.

"Perguntado se não era amásia de algum dos voluntários com quem veio? Respondeu que não tinha relações com esses homens e que os acompanhou somente porque vinham também para a capital, tendo por muitas vezes declarado-lhes, quando indagaram da sua viagem — que se ia apresentar como voluntária da pátria.

"Perguntado por que tomou roupa de homem, mudando assim o seu traje natural? Respondeu que tomou roupa de homem porque as pessoas a quem declarava sua intenção diziam-lhe — que, como mulher não poderia ser aceita no Exército. E então, como fosse grande o desejo que tem de seguir para a guerra, cortou seus cabelos com uma faca, pedindo depois a uma mulher que os aparasse bem rente, e tomou roupas de homem; foi assim apresentar-se ao ex.^{mo} sr. presidente da província e rogou-lhe que a mandasse alistar como voluntária da pátria.

"Perguntado como descobriu-se ser mulher? Respondeu que estando na casa da feira, hoje pelas quatro horas da tarde, uma mulher vendo-a com as orelhas furadas, dirigiu-se a ela respondente e apalpando-lhe os peitos, apesar de sua oposição e de ter atados os seios com uma cinta, a referida mulher pôde conhecer o seu sexo e imediatamente descobriu-a, dando parte ao inspetor do quarteirão, que mandou-a conduzir à policia por dois soldados.

"Perguntado por que chorava quando se viu na presença da autoridade? Respondeu que chorava porque se via em trajes de homem em presença de muitas pessoas e teve vergonha disso;

e mais chorava também porque supunha que sendo descoberta não seria aceita para a guerra.

"Perguntado se sabia atirar, e se tem disposição para sofrer os trabalhos da guerra? Respondeu que não sabia carregar a arma, mas que sabe atirar e tinha disposição para aprender o necessário e também para suportar os trabalhos da guerra e até para matar o inimigo.

"Perguntado se o Governo a não aceitasse como soldado, se está disposta a seguir sempre para o Sul, a fim de ocupar-se em trabalhos próprios do seu sexo? Respondeu que em último caso aceitará isso, porém que o seu desejo era seguir como soldado e tomar parte nos combates como voluntária da pátria.

"Perguntado se seus pais são vivos ou mortos e se conhece alguns de seus parentes, e quem sejam eles? Respondeu que não tem mais mãe; que seu irmão mais velho de nome Jesuíno Rodrigues da Silva já seguiu para o Sul; que seu pai ainda vive, tendo consigo irmãos menores dela respondente no lugar Brejo Seco, já referido.

"Perguntado se sabia ler e escrever? Respondeu que sabe, mas tudo mal.

"E nada mais respondeu e nem lhe foi perguntado: deu-se por findo este auto de perguntas, depois de lido e o achando conforme, assina com o juiz, e rubricado pelo mesmo; do que dou fé. Eu Raimundo Dias de Macedo, escrivão, o escrevi e assino. — Antônia Alves Feitosa."

É sobremodo notável que no sexo feminino, onde naturalmente se aninham o medo e o pavor, apareça esta exceção à regra geral, encarando com verdadeiro denodo e coragem os rigores de uma guerra!

Do interrogatório que se acaba de ver e diversas interpelações que particularmente se têm feito a esta brava jovem, ainda se não pôde coligir que outro desígnio, a não ser o nobre fim de pugnar pela defesa da pátria, a tivesse trazido da vila de Jaicós a setenta léguas distantes desta cidade.

É um heroísmo a toda a prova.

Este mesmo depoimento nos foi feito por Jovita em uma das salas do quartel do Campo da Aclamação, no Rio de Janeiro, onde ela se achava.

Só um devotamento supremo podia ter tocado o coração desta mulher cuja resolução inabalável perde-se nos véus de um mistério, que não nos é dado perscrutar, e que só o futuro nos poderá esclarecer.

Na frase de um grande escritor, talvez que o *demônio da solidão* a inspirasse!

III

Aí em Teresina encontrou-se com seu pai, que vinha de Caxias, o qual, com dificuldade aquiescendo aos desejos patrióticos de sua filha, deitou-lhe sua bênção, e seguiu...

Jovita já não era uma mulher! — Era um voluntário da pátria, graduado com o posto de sargento!

No dia 10 de agosto embarcou Jovita com 460 praças com destino a Parnaíba. Daí embarcou no *Gurupi* para o Maranhão, e do Maranhão veio no *Tocantins* para o Rio de Janeiro, onde chegou no dia 9 de setembro.

Imediatamente despertou-se a curiosidade pública.

Todos corriam para vê-la.

As fotografias se reproduziam todos os dias, e é raro quem não possua um retrato da voluntária do Piauí.

Vimo-la também: — É um tipo índio. Tem uma estatura mediana, maneiras simples, e sem afetação, despida daquela gravidade que impõe um respeito profundo, bem-proporcionada, rosto redondo, uma cútis amarelada, cabelos curtos, crespos, e de um negro acaboclado, mãos de homem e secas, pés grandes.

Seus olhos negros, cheios de luz, tornam-na simpática, seus lábios fechados com alguma graça ocultam dentes alvos, limados e pontiagudos.

Uma serenidade d'alma estende-se pelo seu todo, e mesmo lhe assegura uma confiança que a tranquiliza.

Donde se vê que devia zombar das seduções que a rodeiam.

Sua voz cantada e de um timbre agradável conserva sempre uma firmeza imperturbável.

Procurando-a no seu aquartelamento tivemos por fim estudá-la e mesmo ver se conseguíamos o segredo que a moveu nessa resolução inabalável.

Surpreendeu-nos a sua singeleza e a tranquilidade que conservava vivendo entre soldados.

Nessa ocasião trajava calças brancas, com uma blusa de chita mal afogada, num desalinho desgostoso, deixando ver, através do colarinho de homem, um rosário de contas escuras e uma corrente de ouro, cingidos ao pescoço.

Encostada a uma mesa com a cabeça apoiada sobre a mão esquerda, respondia-nos, brincando com bonecas, e uma caixinha de brinquedos de criança.

Como se conciliar esta natureza enigmática?

Enigma talvez para ela mesma, enigma ficou para nós!

Seria fraqueza?... — Não! — O heliotrópio também se volta para o sol.

Entre as muitas perguntas que lhe fizemos respondeu-nos contrariada do seguinte modo:

— Eu tenho muita raiva dos paraguaios, queria ir para a guerra para matar essa gente; mas não me querem — enjeitaram-me.

— Como assim? — retorquimos nós.

— O Governo não permite que eu siga. Já me destituíram do posto.

— Mas — dissemos nós —, a sra. mesmo não podia ir por ser mulher; por que razão não segue prestando os serviços próprios do seu sexo?

— Não, nesse caso não vinha, podia ficar na minha terra, onde faria tudo isso, e demais — continuou ela num tom apaixonado —, o imperador também já foi para a guerra...

— A sra. estima o nosso monarca!

— Se eu não estimá-lo, a quem mais devo estimar? — respondeu-nos com uma inflexão de voz decisiva.

De fato, notava-se que um sentimento de contrariedade dominava toda a sua figura.

Já não possuía aquela majestade dos seus dias de triunfo popular. Tinha no olhar uma indiferença sarcástica para todos que se aproximavam.

Havia seu fundamento:

Jovita, uma vez prestado o juramento de fidelidade a sua pátria, e depois alistada no Exército com as honras de segundo-sargento de voluntários, nunca suspeitou que mais tarde a destituíssem do seu posto.

Uma ordem, porém, baixou da Secretaria de Estado dos Negócios da Guerra, em data de 16 de setembro, concebida nestes termos:

Il.mo sr.

Não havendo disposição alguma nas leis e regulamentos militares que permita a mulheres terem praça nos corpos do Exército, nem nos da Guarda Nacional, ou de voluntários da pátria; não pode acompanhar o corpo sob o comando de V. S. com o qual veio da província do Piauí a voluntária Jovita Alves Feitosa na qualidade de praça do mesmo corpo, mas sim como qualquer outra mulher das que se admitem a prestar junto aos corpos em campanha os serviços compatíveis com a natureza do seu sexo, serviços cuja importância podem tornar a referida voluntária tão digna de consideração, como de louvores o tem sido pelo seu patriótico oferecimento: o que declaro a V. S. para seu conhecimento e governo.

Deus guarde etc.

Jovita, entretanto, apelou para os sentimentos generosos do nobre ministro da Guerra, solicitando para que revogasse a ordem do quartel-general.

Era bem difícil o que ela pedia. O ex.mo ministro, cujos desejos eram ardentes em conferir-lhe essa graça, de modo nenhum podia aquiescer, visto como a lei é muito expressa a tal respeito.

Não obstante — dignou-se responder-lhe em uma carta que lhe dirigiu, concebida nos termos os mais dóceis e convincentes, mostrando-lhe o preceito da lei. Aí revelou o seu pesar, manifestando que a sua compleição e o seu sexo eram razão para não poder suportar as fadigas de uma campanha, e que o seu sacrifício em bem do país seria inútil, visto haverem numerosos defensores. Contudo, não deixava de apreciar e louvar a viva prova que dava do seu patriotismo, oferecendo-lhe os meios de que necessitasse para que, recolhendo-se a sua família, tivesse a felicidade de que é digna.

IV

Se, como Joana d'Arc,[5] *Jovita* tivesse em outros tempos encontrado uma rainha *Yolande d'Anjou*,[6] por certo não teria deposto os galões de sargento, que com tanto patriotismo e renome foram conferidos pelo ilustrado presidente da província do Piauí o ex.mo sr. dr. Franklin Doria, cujo coração eminentemente brasileiro, maravilhado por tamanho heroísmo, aceitou-a por um rasgo de imaginação patriótica.

— Hoje, porém, nenhuma vontade está acima da lei.

Nem seria um fato novo que se abria nos fastos, quer da nossa historia, quer da humanidade sofredora.

Há exemplos de uma coragem admirável entre as mulheres de todos os tempos; principalmente quando uma paixão, ou uma ideia as ilumina, porque então sentem-se inflamadas e levantam-se apaixonadas naquele entusiasmo sublime dos tempos heroicos.

No Brasil, além dos nomes célebres das mulheres heroínas dos tempos coloniais,* existe ainda bem rica na memória do povo essa figura majestosa da mineira que na Revolução de 42 sagrava com seu ósculo de mãe a fronte de seus filhos rebeldes, e com eles caminhava aos campos da batalha!

Olimpia de Gouge, fundando o direito das mulheres, bem o disse: "Elles ont bien le droit de monter à la tribune, puis qu'elles ont celui de monter a l'échafaud".[7]

Parodiando suas palavras nós diremos: "As mulheres têm o direito de se iniciarem nos destinos da pátria, visto como têm o dever de contribuir com seus filhos para a guerra".

Assim nós vemos entre os bustos venerandos de toda essa Assembleia Francesa, nos tempos sanguinolentos da grande epopeia social, que reformou o mundo pelo exemplo e pela palavra, surgirem vultos de mulheres notáveis pela grande influência que exerceram, pelo seu devotamento, e pela sua fé gloriosa.

Carlota Corday[8] pela inspiração patriótica sobe à guilhotina — foi-lhe a morte sublime nesse martirológio sagrado de uma nova religião!

Madame Roland,[9] cuja coragem concorreu para erguer o altar do futuro, é recebida pelos jacobinos como um dos seus membros ilustres.

* Guerra dos Holandeses.

Théroigne de Mirecourt[10] — a Joana d'Arc impura da praça pública — como a crismou Lamartine, vindo a Paris atraída pela Revolução Francesa, aí mostrou prodígios de valor — foi a primeira que subiu à torre no assalto da Bastilha!

Não era, pois, de admirar que Jovita, com o desinteresse com que se atirava às lutas duma campanha, produzisse atos de valor na qualidade de sargento. Houve também na Bastilha uma mulher que seguiu para a guerra como capitão de artilharia.

No momento em que escrevemos estas páginas biográficas folgamos de registrar mais um cometimento digno de glória para a nossa galeria histórica.

D. Mariana Amália do Rego Barreto, moça de dezoito anos de idade, de educação fina e cuidadosa, acaba de oferecer-se para o 5.º Corpo do Batalhão de Voluntários da Pátria.

O sangue de d. Clara, e de outras pernambucanas ilustres, que tanto se distinguiram nessa luta titânica que nossos avós sustentaram heroicamente com os holandeses até expeli-los do território, não pôde por mais tempo sopitar-lhe o desejo de ir incorporar-se aos defensores da pátria.

O presidente, aceitando o seu oferecimento feito sem reserva nem condições, destinou-a para o hospital de sangue e permitiu-lhe o uso das insígnias de primeiro-cadete em atenção a sua hierarquia.

Filha dessa Veneza Brasileira tão notável entre as estrelas do diadema imperial merece toda a nossa admiração!

V

Jovita Alves Feitosa podia muito bem glorificar os feitos de nossas armas nos muros de Humaitá!

A palavra *liberdade* domina-lhe tanto o espírito quanto lhe horroriza a palavra *cativeiro* e ela ama sua pátria assim como a Princesa de Lamballe[11] amava na rainha Maria Antonieta uma amiga devotada.

Não foram as ovações das massas populares que atraíram Jovita, mas sim o sofrimento de sua pátria, os infortúnios de seus irmãos!

É certo que Jovita voltará para o seio de sua família, já que não pôde realizar os seus sonhos desejados.

Pouco lhe faltava também para completar a sua glória!

Tamanhas foram as ovações que lhe fizeram.

Nas diversas províncias em que passou o *Tocantins* recebeu Jovita as maiores provas de entusiasmo e gratidão nacional.

A tal respeito diz o *Diario de Pernambuco*:[12]

> A este batalhão vem incorporada a *heroína brasileira*, segundo a consagração popular, Jovita Alves Feitosa, de dezoito anos,

natural de Inhamuns, província do Ceará, e há um ano residente em Jaicós, província do Piauí, onde deixa dous irmãos menores e o pai, que com dificuldade aquiesceu aos desejos patrióticos de sua heroína filha.

Dominada de grande patriotismo, que se lhe desenvolveu com as infâmias dos paraguaios às do seu sexo, foi Jovita à capital do Piauí, e aí alistou-se no 2.º Corpo de Voluntários dessa província, declarando logo que não queria ser enfermeira e sim militante.

O presidente da província, depois de se convencer de que a sua resolução não era filha de uma loucura, nem pretexto para encobrir um ilícito amor, a mandou alistar com a graduação de segundo-sargento, em cujo posto com facilidade se exercitou, e dizem ser o sargento do corpo que está mais prático nos manejos das armas.

Traja calça e saiote, fardeta e boné do corpo e tem o cabelo cortado à escovinha.

Os maranhenses fizeram a esta patriota, que mais tarde será uma heroína, as maiores ovações.

Na sua chegada ali, ia ser hospedada em casa do dr. juiz de direito da 2.ª vara Antônio Francisco de Sales, onde se hospedou o comandante; porém o ajudante de ordens da Presidência, tenente Campos, que primeiro foi a bordo, a levou para o seio de sua ex.ma família, onde recebeu a heroica menina distinto agasalho e foi cumprimentada por inúmeras pessoas.

O empresário de S. Luís, Vicente Pontes de Oliveira, mal fundeou o vapor anunciou para o mesmo dia um espetáculo em honra dela e tamanho foi o entusiasmo que em pouco menos de três horas foram vendidos todos os camarotes e cadeiras, sendo a concorrência ao espetáculo espantosa. A ele assistiu Jovita em trajos militares e de um camarote adornado com a bandeira nacional.

A distinta artista d. Manoela, vestida de guerreira e empunhando o estandarte nacional, recitou a patriótica poesia do sr. Moniz Barreto, e em seguida cantou ela, acompanhada pela orquestra, com todos os artistas da companhia, fardados a voluntários, o hino da composição do maestro Francisco Libânio Colás e letras do poeta Juvenal Galeno.

Por essa ocasião o povo pediu o comparecimento em cena da heroína, o que ela satisfez. Vivas, bravos, e flores partiram de todos os ângulos do teatro.

D. Manoela, abraçando-a e dando-lhe um ósculo, tira-lhe o boné, coloca-lhe na cabeça uma coroa de louros e lança-lhe ao pescoço um cordão e um crucifixo de ouro; e, findo que foi o espetáculo, é ela conduzida à casa pelo povo ao som de vivas e música.

O negociante português Boaventura Coimbra de Sampaio mandou-lhe preparar e ofertar um completo fardamento de pano fino. O Maranhão soube distinguir a tão patriótica jovem e o sr. dr. Sales deu-lhe um jantar, a que assistiu toda a oficialidade do seu corpo e inúmeras pessoas.

Ao passar pela Paraíba, recebeu ela ainda uma nova prova do apreço que merece a seus concidadãos.

Uma comissão foi a bordo do vapor, e aí fez-lhe oferta de um custoso anel de brilhantes como recordação de seus patrícios paraibanos que sabem como todos os brasileiros honrar as virtudes cívicas.

Sua passagem em Pernambuco foi triunfante.

O presidente da província recebeu-a no teatro em seu camarote, dando-lhe um lugar distinto.

E nem podia esse povo ser indiferente — são pernambucanos!...

Nessa ocasião deslumbrou os espectadores uma linda poesia, apropriada ao assunto, e que não podemos furtar-nos ao prazer de transcrevê-la.

— São os sentimentos do povo pernambucano nos lábios do poeta:

À heroína brasileira Jovita Alves Feitosa[13]

Na onda do movimento
Do país em convulsão,
Fero, pujante, sedento,
Terrível como o vulcão,
Destaca-se à luz do dia

Um tipo de valentia,
Enchendo de simpatia
O mais revel coração.

Não me admira o denodo
Da multidão varonil
Do povo que ergue-se todo
Bradando louco, febril:
"Cuidado! Gente insensata!
"Cuidado! Coorte ingrata
"Da República do Prata!
"Tem muita gente o Brasil!"

Não me admira a coragem
Dos filhos que unidos dão
À pobre Mãe na voragem Nobre, solícita, mão!
Um lhe diz: "Eu vou, eu corro!"
Outro: "Esperai meu socorro"
E ela diz: "Meus filhos morro"
"Se não me dais proteção!"

Bato palmas à nobreza
De quem conhece o dever;
Aplaudo a ardente braveza
Do homem que o sabe ser;

E teço também um canto
A quem sobe, tanto, tanto,
Mas não me leva ao espanto
O natural proceder!

O que me espanta é a força
De um feminil coração,
É ver num peito de corça
Brio, valor de leão!
E sob a forma delgada
De uma mulher delicada
Ver um'alma alimentada
Do fogo de uma explosão!

Isto, sim, isto é sublime!
Vale arcos triunfais!
É grande arrostar o vime
Nortadas e vendavais!
É coisa que maravilha
Partir risonha à guerrilha
Ingênua, modesta filha
Qual desenvolto rapaz!

Percorro os sagrados templos
Do mundo dos panteões,
E vejo de tais exemplos
Raros nas outras nações;
Só no livro desta terra
Em tempos assim de guerra
Eu leio que a história encerra
Esses portentos de ações!

A tudo quanto me ouça
A todos que estão aqui
Peço palmas para a moça
Que ocupa um lugar ali,
Ela vale uma epopeia,
Erguei-vos nobre plateia
Essa Amazona aplaudi!

VI

Entretanto, pobre mulher! Não deixaram de aparecer seus preconceitos!

    Muitos, ignorando qual o verdadeiro lugar que nestes acontecimentos te deviam dar, não quiseram acreditar que um ajuntamento de causas naturais, combinadas pela mão da

Providência, produzisse tamanho civismo! Procuraram inverter as altas aspirações que te impeliram para o centro dos perigos.

Quiseram negar-te essa alma generosa, depurada num sentimento grandioso!

Mas, debalde! — A alma que te ilumina é como a luz que brota espontânea das regiões ocultas do infinito para infundir--se deslumbrante pelo espaço além.

O que te faltava, pois?

És moça, tens a alma dos dezoito anos, o vigor do sangue e a imaginação ardente da mulher do Norte, que concebe e realiza por paixão.

Serias uma louca?

Também Joana d'Arc foi considerada como uma *louca* pelo Sr. de Beaudricourt[14] quando seu tio Durand a apresentou comunicando a sua resolução.

Qual, pois, o móvel que te guiou?

Seria o amor ultrajado?

Théroigne de Méricourt também cometeu atos de uma bravura histórica, movida pela paixão e pelo vício de que ela se envergonhava.

Como quer que seja, se algum motivo estranho te inoculou tamanha coragem, ainda assim és digna de toda a admiração da posteridade.

Suspendamos, porém, o nosso juízo, neste ponto, e perdoemos aos levianos.

— É que eles se maravilharam com a grandeza da ação, e, covardes, atordoaram-se por assim dizer com este heroísmo de uma moça de dezoito anos, e com a severidade[15] com que ela afrontou sempre tamanhas dificuldades.

Felizmente acabaram-se as clausuras, e os tempos do maometismo. — Já as mulheres não são vítimas do furor estúpido dos homens.

O cristianismo com o seu verbo sublime espancou esses nevoeiros pesados da Antiguidade.

A Guerra do Paraguai e os voluntários da pátria

A década de 1860 foi agitada. O Brasil envolvera-se em vários conflitos externos. O primeiro deles foi com a Grã-Bretanha no episódio conhecido como Questão Christie. Seu desfecho foi o rompimento das relações diplomáticas entre os dois países em 1863. Depois, foi a vez do atrito com o Uruguai, cujo Governo implicara com os gaúchos brasileiros que lá possuíam muitas propriedades e muitos escravos. O Brasil invadiu o país em outubro de 1864. Finalmente, em decorrência da intervenção no Uruguai e da oposição a ela por parte de Solano López, teve início, em dezembro de 1864, a guerra da Tríplice Aliança contra o Paraguai, precipitada pelo ataque e pela tomada do forte de Coimbra, no Mato Grosso, por tropas desse país. A guerra parecia desigual por jogar, contra o Paraguai, Brasil, Argentina e Uruguai. Mas, olhando pelo lado militar, no

Brasil só a Marinha estava preparada para a guerra. A tropa de linha do Exército compunha-se de escassos 16 mil homens mal treinados e mal armados. A Guarda Nacional era numerosa, mas não tinha treinamento militar. Em contraste, embora com população muito menor, o Paraguai, desde que Solano López assumira o poder, em 1862, vinha se fortalecendo militarmente, recrutando soldados, comprando armas e construindo sólidas fortalezas com assistência de engenheiros ingleses.

Era urgente e indispensável para o Brasil aumentar o número de combatentes. Estando o Congresso em recesso, em 7 de janeiro de 1865 o Governo criou, por decreto, os Corpos de Voluntários da Pátria. Podiam voluntariar-se os maiores de dezoito anos e menores de cinquenta. As condições para o voluntariado eram, pelo menos na lei, razoáveis. Os voluntários receberiam 300 réis diários de gratificação e 300$000 por ocasião da baixa, além de um pedaço de terra de 22 500 braças quadradas (10,9 hectares) em colônias militares ou agrícolas. Além disso, podiam dar baixa logo que fosse declarada a paz, ficariam isentos do serviço no Exército, na Marinha e na Guarda Nacional e teriam preferência nas contratações para emprego público. Os inutilizados por ferimento receberiam o soldo em dobro pelo resto da vida. Em caso de morte, as famílias fariam jus a pensão ou meio soldo.

Logo a seguir, no dia 21, o Governo convocou para a guerra 15 mil guardas nacionais, estabelecendo cotas para cada província. Para avaliar a importância dessas duas medidas, basta dizer que cerca de 60 mil guardas nacionais e 55 mil voluntários lutaram na guerra, número muito superior aos 16 mil da tropa de primeira linha, mesmo se somados a eles os 8 mil conscritos.

De início, a convocação de guardas nacionais e voluntários despertou grande entusiasmo patriótico. Em parte suscitado pela propaganda do Governo, esse entusiasmo deveu-se também à reação espontânea da população. Houve um movimento cívico nacional, o primeiro na história do país, e surpreendente, dadas as distâncias, as dificuldades de comunicação e a ausência de um sentimento nacional. Na Corte, houve quase uma repetição da crise de 1863, gerada pelo representante inglês, Douglas Christie. Quando este ordenou o apresamento de doze navios mercantes brasileiros, a população, liderada por ninguém menos que Teófilo Otoni, fora à rua, ao lado do imperador. Falou-se mesmo na criação de corpos de voluntários para resistir à agressão. Até o circunspeto Machado de Assis entrou na briga e versejou, belicoso:

> *Brasileiros! Haja um brado*
> *Nesta terra do Brasil:*
> *Antes a morte de honrado*
> *Do que a vida infame e vil!*

A imprensa da época oferece abundantes exemplos do entusiasmo despertado pela conclamação do Governo. Em todo o país, apresentaram-se pessoas dispostas a lutar, ricos, pobres, homens, mulheres e crianças. Em Minas, na longínqua Pitangui, fundou-se em março de 1865 uma Sociedade Amor da Pátria, que patrocinou a formação de um contingente de 52 voluntários. A partida da tropa deu-se em meio a desfile, missa, discursos, declamações de poesias, exibição das bandeiras nacional e dos Voluntários, toque do Hino Nacional (digo toque porque ele não tinha letra, era o popular ta-ra-tá-tá-tchin). As bandeiras foram entregues pela jovem Rosinha, vestida de índia, ao primeiro voluntário, que as recebeu de joelhos declarando que, para defendê-las, estava disposto a derramar até a última gota de seu sangue. Ainda em referência a Minas, a *Semana Illustrada*, de Henrique Fleiuss, aliada do Governo e muito empenhada em reforçar a campanha do alistamento, publicou uma charge da mineira dona Bárbara, que, a exemplo das mães espartanas, teria dito ao filho voluntário, ao lhe entregar um escudo, que voltasse carregando-o ou carregado sobre ele.

Os exemplos de civismo repetiram-se em outras províncias. Nesse mesmo mês de março, em Vitória, Pernambuco, dona Mariana Amália do Rego Barreto, de dezoito anos, voluntariou-se e, acompanhada por autoridades e uma banda de música, discursou em praça pública, exortando todos a seguirem seu exemplo. Atendendo a seu apelo, apresentaram-se

28 voluntários. Ela foi aceita pelo presidente da província para servir no hospital de sangue e marchou para a guerra no posto de primeiro-cadete. Em setembro desse mesmo ano, agora no Ceará, Isabel Maria da Conceição, de 22 anos, alta e robusta, apresentou-se dizendo saber atirar e andar a cavalo. Queria ir à guerra para acompanhar um irmão que já sentara praça. Ainda no Ceará, engajou-se dona Joana Francisca Leal Sousa, que a *Semana Illustrada* retratou em uniforme militar ao lado da bandeira nacional. O jornal *Cruzeiro do Brasil* de 17 de setembro de 1865 menciona que essa dona Joana chegou ao Rio como segundo-sargento juntamente com Jovita Feitosa. Estranhamente, não há referência alguma a ela nas matérias sobre o movimentado périplo de Jovita de Teresina até o Rio de Janeiro. Que ela tenha existido parece certo. Mas não se explica a diferença radical nos tratamentos dados a ela e a Jovita, nem se sabe qual foi seu destino. Terceiro exemplo do Ceará é o de um menino de uns nove anos que se apresentou como voluntário ao presidente Francisco Inácio Marcondes Homem de Melo, futuro barão Homem de Melo. Alegou o pequeno voluntário que poderia pelo menos repassar cartuchos ao irmão, já incorporado. Paternalista, o presidente ofereceu-lhe uns doces. Má ideia. O garoto retrucou com altivez, dizendo que o que queria era pólvora.

    O mais conhecido, e mais exitoso, de todos os voluntários foi o negro livre Cândido da Fonseca Galvão, o príncipe

Obá, que Eduardo Silva biografou. Morador de Lençóis, no interior da Bahia, ao tomar conhecimento da convocação de voluntários e, como disse, "inspirado pelo sacrossanto amor do patriotismo", apresentou-se com outros trinta voluntários para "defender a honra da pátria tão vilmente difamada". Foi à guerra com seus súditos, voltou como alferes honorário e passou a residir na Corte. Nos atos oficiais que contavam com a presença do imperador, lá estava ele exibindo com orgulho sua farda e seu título principesco.

À época, no Brasil e em vários outros países, era costume mulheres irem à guerra acompanhando marido e parentes, ou como enfermeiras e vivandeiras.[1] Quando Jovita se apresentou, algumas já tinham sido contratadas como enfermeiras, como foi o caso da baiana Ana Néri, viúva do capitão de fragata Isidoro Antônio Néri. Dois filhos seus e um irmão, todos oficiais do Exército, já tinham partido quando conseguiu permissão do presidente da Bahia, Manuel Pinto de Sousa Dantas, para se integrar ao 10.º Batalhão de Voluntários da Bahia. Partiu em agosto de 1865, aos 51 anos de idade. Teve desempenho excepcional, tornou-se patrona dos cursos de enfermagem e, em 2009, foi a primeira mulher a entrar para o Livro dos Heróis da Pátria.

Houve mesmo exemplos de mulheres, disfarçadas ou não de homens, que pegaram em armas de fato, deram tiros e mataram paraguaios, contando com a tolerância de comandantes. Há pouca evidência sobre isso, mas um caso é certo e merece ser citado. Trata-se de Maria Francisca da Conceição, de que nos fala uma testemunha ocular, o general J. S. de Azevedo Pimentel. Casada com um cabo de esquadra, foi proibida de acompanhar o marido no ataque ao forte de Curuzu em 1.º de setembro de 1866. Inconformada, cortou o cabelo, vestiu roupa do marido, arrumou um boné e foi. No ataque, apossou-se das armas do primeiro soldado abatido. Ao ver que o marido fora morto com um tiro na testa, calou a baioneta e saiu estocando inimigos. No desastroso ataque a Curupaiti, foi ferida. Levada ao hospital, Diadorim *avant la lettre*, descobriu-se que era mulher. Mas foi aceita como combatente. Na Batalha de Tuiuti, bateu-se já com o honroso título de Maria Curupaiti.

O entusiasmo inicial foi compartilhado pela elite intelectual do país. Os jornais da época estão repletos de poemas patrióticos escritos por homens de letras, alguns já consagrados, como Machado de Assis, Pedro Luís Pereira de Sousa, Francisco Muniz Barreto, Bernardo Guimarães. Entre os novos, destacou-se Joaquim Nabuco, que, aos dezesseis anos, produziu, em outubro de 1865, um exaltado hino aos voluntários, cujo estribilho rezava:

> *Levantai-vos, soldado da pátria;*
> *Ide avante vingar a nação!*

> E voltai glorioso da luta
> Ou morrei abraçado ao pendão!

Quando da vitória aliada na Batalha do Riachuelo, ele voltou à carga, ainda mais empolgado, em poema de 110 versos, sob o título de "Aos bravos do Riachuelo".[2] Basta citar a primeira estrofe para se ter ideia da exaltação do autor:

> Vencemos! À guerra! À guerra!
> Que o sagrado pavilhão
> Que em Paissandu já se ergueu,
> E em Riachuelo venceu,
> Deve-se erguer n'Assunção!

Bernardo Guimarães escreveu um "O adeus do voluntário" dirigido à amada:

> Dever de leal soldado
> Me arranca dos braços teus,
> Hoje a pátria que padece
> Me manda dizer-te adeus.

Machado de Assis retomou a veia patriótica escrevendo o que os jornais chamaram de monólogo, intitulado "O acordar do Império", e que foi declamado no Ginásio Dramático em maio de 1865. O poema foi publicado nas *Obras completas* sob o título de "A cólera do Império", de que cito os cinco primeiros versos:

> *De pé! — Quando o inimigo o solo invade*
> *Ergue-se o povo inteiro; e a espada em punho*
> *É como um raio vingador dos livres!*
> *Que espetáculo é este! — Um grito apenas*
> *Bastou para acordar do sono o Império!* [3]

A poesia popular não ficou atrás, como o demonstrou Pedro Calmon.[4] Seleciono dois poemas entre as dezenas que ele coletou. O primeiro, em homenagem a Ana Néri, terminava com a estrofe:

> *D. Ana Néri será,*
> *Na voz da posteridade,*
> *O anjo que nas batalhas*
> *Figurou a caridade.*

Desrespeitoso, um samba sobre uma guerreira dizia:

> *Sinhá Mariquinha,*
> *Da tropa de linha,*
> *Tem crista de galo*
> *Com pé de galinha.*

Textos patrióticos em geral não primam pela qualidade literária, mas refletem bem o ambiente e as emoções do momento.

A duração da guerra, muito além da prevista, com altos custos financeiros e em vidas humanas, arrefeceu o entusiasmo inicial, sobretudo a partir da derrota de Curupaiti, em setembro de 1866. O próprio barão de Cotegipe, ministro da Marinha em 1868, tachou o conflito de maldito. O entusiasmo inicial desapareceu. Ninguém mais se voluntariava e o recrutamento passou a ser todo ele coercitivo. Foi quando surgiu o dito popular "Deus é grande, mas o mato é maior". Na historiografia, a ideia do recrutamento forçado foi estendida à guerra como um todo. A compulsão, no entanto, não deve apagar o que houve na fase inicial, quando foram inúmeras e sinceras as manifestações de patriotismo e muitas pessoas se voluntariaram para defender a pátria. E a figura mais famosa entre os voluntários, a mais falada na época, a mais comentada na imprensa, a mais festejada em espetáculos teatrais, a mais fotografada, a mais exaltada, ou vitimada, em versos foi, sem dúvida, Jovita (Antônia) Alves Feitosa.

―

FONTES

HINO[5]

    "*Levantai-vos, soldado da pátria!*"
Clama ao longe o rufar dos tambores!
E em ondas de sangue e poeira
Rojam mortos cruéis invasores.

    Levantai-vos, soldado da pátria;
    Ide avante vingar a nação!
    E voltai glorioso da luta
    Ou morrei abraçado ao pendão!

Cai ao longe o poder dos tiranos,
Vence ao longe o brasíleo sinal!
E a metralha varrendo os imigos
Planta ao longe o pendão liberal!

    Levantai-vos, soldado da pátria etc.

Rolam negras as ondas do Prata,
Pisam bravos a imiga bandeira;
Mas, chamando o universo a combate
Só não cai a nação brasileira.

   Levantai-vos, soldado da pátria etc.

Onde o bravo mais forte cair;
Onde o bravo mais forte vencer,
Ali há de o pendão brasileiro
Entre nuvens de fumo se erguer.

   Levantai-vos, soldado da pátria etc.

Lá resplende entre mares de sangue
O soldado que rola entre os bravos;
E que morre, na morte afrontando,
Como em vida o poder dos escravos.

   Levantai-vos, soldado da pátria etc.

O Amazonas no leito estremece;
Mede altivo o horizonte de anil;
Os Andes as grimpas elevam
A saudar o gigante Brasil.

   Levantai-vos, soldado da pátria etc.

Mas ao longe, afrontando os espaços,
E chamando o universo ao terreiro;

Entre nuvens de fumo e de glória
Se ergue ovante o pendão brasileiro.

Levantai-vos, soldado da pátria etc.

"À peleja restruge a metralha"
Clama ao longe o estridente clangor;
Ninguém dorme no lar quando o trono
Despertou ao rufar do tambor.

Levantai-vos, soldado da pátria etc.

1.º de outubro de 1865
Joaquim Nabuco

———

Distintivo dos voluntários usado no braço esquerdo

Sargento do 11.º Corpo de Voluntários da Pátria, de Pernambuco

Dom Obá II d'África em uniforme de alferes honorário do Exército.
Foto rara de A. Lopes Cardoso, pertencente à Coleção Princesa Isabel

A Voluntaria da Patria
D. JOANNA FRANCISCA LEAL SOUZA.
Sacudindo a exempção, que a desprendia
Do dever de a mãe patria defender,
Corre ás armas armada em galhardia
P'ra valente entre os bravos combatter.

Semana Illustrada, 17 de setembro de 1865, p. 4

Semana Illustrada, 3 de setembro de 1865, p. 5

Frances Louisa Clayton, uma das muitas mulheres que, disfarçadas de homens, lutaram na Guerra Civil norte-americana

A voluntária da pátria Jovita Alves Feitosa

Em janeiro de 1865 governava o país um ministério do Partido Liberal, chefiado por Francisco José Furtado, que era também ministro da Justiça. A responsabilidade pela aplicação do decreto de 7 de janeiro de 1865, que criou os Corpos de Voluntários da Pátria, cabia aos presidentes de província, que eram indicados pelo ministro do Império. Estavam ainda envolvidos no processo o ministro da Justiça, que controlava a Guarda Nacional, e o ministro da Guerra, responsável pela nomeação dos comandantes das armas nas províncias. O presidente da província do Piauí era Franklin Américo de Menezes Doria, futuro barão de Loreto.[1] Sua tarefa era dupla: cumprir a legislação relativa ao voluntariado e executar o decreto de 21 de janeiro, referente à mobilização da Guarda Nacional. Coube ao Piauí fornecer, além dos voluntários, 1 160 guardas nacionais. O presidente agiu rápido. Em 5 de abril comunicou ao ministro da Justiça que já tinha organizado dois batalhões de guardas nacionais. Em 16 de maio, estava pronto o 1.º Corpo de Voluntários da Pátria do Piauí. O 2.º Corpo só partiu de Teresina em direção a Parnaíba em 10 de agosto. Eram 460 praças, comandadas pelo coronel da Guarda Nacional José Lustosa da Cunha, irmão do conselheiro João Lustosa da Cunha Paranaguá, futuro marquês de Paranaguá, então presidente de Pernambuco.[2] Entre seus componentes estava a segundo-sargento Jovita Alves Feitosa.[3]

Dela nada se sabia até que, segundo os jornais da época, no dia 8 de julho de 1865, um rapaz de dezessete anos se apresentou em Teresina ao presidente da província, oferecendo-se como voluntário. Foi logo aceito, marcando-se o dia seguinte para o aquartelamento. Descoberta sua identidade feminina por denúncia de uma mulher, a agora voluntária foi levada, seguida de "multidão imensa" de curiosos, ao chefe de polícia, José Manuel de Freitas. Este a submeteu a longo interrogatório, reproduzido pelo jornal *Liga e Progresso*, de Teresina,[4] e pelo *Jornal do Recife*.[5] O interrogatório, transcrito também por Coaraci e incluído nas páginas iniciais deste livro, continua sendo a principal fonte de informação sobre Jovita no que se refere aos anos anteriores à sua apresentação como voluntária. É também sua única declaração pública que chegou a nosso conhecimento. Sua confiabilidade não é total, pois Jovita precisava de justificativa para sua surpreendente decisão e certamente disse ao chefe de polícia o que lhe parecia mais conveniente. Mas, pela importância das informações, retomo aqui, resumidas, algumas delas.

Declarou a voluntária chamar-se Antônia Alves Feitosa, mas ser conhecida como Jovita. Tinha dezessete anos, era natural de Brejo Seco, nos sertões dos Inhamuns (Ceará), filha de Simeão Bispo de Oliveira e Maria Rodrigues de Oliveira.[6] Vivia de costuras e fazia sete meses que residia em Jaicós, Piauí. Sua mãe já havia falecido, seu irmão mais velho, Jesuíno Rodrigues, partira para o Sul, seu pai continuava a viver em Brejo Seco com os irmãos mais novos. Saíra de Jaicós para Teresina, um percurso de 379 quilômetros, em 20 de junho, com os voluntários comandados pelo capitão Cordeiro, a quem declarou a intenção de se apresentar como voluntário da pátria. Negou ser amásia de outro voluntário. Vestira roupa de homem porque lhe tinham dito que o Exército não aceitava mulher. Passando pela casa da feira, no entanto, certa mulher notara os furos em suas orelhas e lhe apalpara os peitos, que estavam contidos por uma cinta. Descoberto o disfarce, a mulher denunciou-a ao inspetor de quarteirão, que, por sua vez, mandou que dois soldados a conduzissem ao chefe de polícia. A este, disse ter chorado em sua presença por vergonha de ser exibida ao público e de tristeza por não poder ser aceita como voluntária. Sabia atirar, mas não sabia carregar a arma. Lia e escrevia mal. À pergunta se aceitaria ir para a guerra para fazer trabalhos próprios de seu sexo, disse que seu desejo era seguir como soldado e participar dos combates.

A essas informações, podem-se acrescentar as que forneceu a Coaraci, que a entrevistou na Corte, no quartel do Campo da Aclamação. O autor descreve-a como um tipo índio, de pele amarelada, cabelos de um negro acaboclado, olhos negros cheios de luz, dentes alvos, limados e pontiagudos. Jovita lhe disse ter perdido a mãe em 1860, vítima do cólera-morbo, e se mudara para a casa de um tio chamado Rogério, mestre de música, que residia em Jaicós. Mostrou-se revoltada com a recusa de seu pedido de engajamento: queria ir à guerra para matar paraguaios. Coisas de mulher, acrescentou, ela poderia fazer em sua terra. Se até o imperador tinha ido à guerra, por que não ela?

Revelado seu verdadeiro sexo, Jovita recorreu ao presidente Franklin Doria, que lhe permitiu sentar praça como segundo-sargento, sem deixar claro se o fazia na qualidade de combatente ou para o serviço de saúde. Mais tarde, acusado pelo deputado conservador piauiense Antônio Coelho Rodrigues de favorecimento, e mesmo de envolvimento emocional com Jovita, Franklin Doria afirmou que a admissão fora para prestar serviços na área de saúde.

Seja como for, a jovem sertaneja tornara-se uma voluntária da pátria. Seu comportamento e suas respostas, tanto ao chefe de polícia como a Coaraci, revelam extraordinária força de vontade, surpreendentes em uma jovem de dezessete anos. Há também informação de que o pai, que a visitou em Teresina, teria concordado a contragosto com sua decisão de ir à guerra. Sobre a posição do tio Rogério nada é dito, mas é difícil imaginar que desse permissão sem consulta ao pai. Inimigos políticos de Franklin Doria alegaram mais tarde que o motivo do voluntariado de Jovita teria sido a presença de um amante na coluna do capitão Cordeiro, que deixara Jaicós em direção a Teresina. Ela sempre negou essa afirmação. Fosse por amor da pátria, por amor de homem, ou por solidariedade feminina, sua decisão foi própria de alguém capaz de grandes paixões e de decisões difíceis. Transpira, ainda, do interrogatório e da entrevista uma dureza só quebrada pelo choro em presença do chefe de polícia. Talvez marcas de sua vida de sertaneja, como o fato de saber atirar e de querer ir à guerra para matar paraguaios. Para fazer trabalho de mulher, disse, podia ficar no Brasil, não precisava ir ao Paraguai.

FONTES

Sobre a aparência de Jovita, além do testemunho de Coaraci,[7] temos a descrição em versos de Sisno de Fashera:

> [...] *Imagina as feições dum rosto meigo*
> *Cor morena, olhar terno, mas altivo,*
> *Uns lábios proeminentes, não sem graça,*

> *Das raças africanas os cabelos,*
> *Corpo airoso, contornos regulares,*
> *Ligeiro o porte e rápidos meneios,*
> *Não pequenos os pés, porém bem-feitos,*
> *E mãos, além de tudo musculares.*
> *Aí tens de Jovita um fraco esboço.*[8]

Lê-se no texto de Coaraci: "As fotografias [de Jovita] se reproduziam todos os dias e é raro quem não possua um retrato da voluntária do Piauí". Os jornais do Rio de Janeiro, de São Paulo e de Pernambuco publicavam anúncios de fotógrafos oferecendo retratos dela por 1$000, o dobro do que cobravam por outros retratos. É surpreendente, então, que poucos deles tenham chegado até nós. O mais conhecido, e o de melhor qualidade, é o que foi usado pelo próprio Coaraci na capa de seu livro e já reproduzido (p. 12). Nele vemos uma jovem de traços indígenas e africanos, olhar tristonho, mas firme e penetrante, uniformizada, exibindo no braço esquerdo o distintivo dos voluntários.

JOVITA

Esta foto, extraída do livro de Sisno de Fashera, *Homenagem póstuma*, é uma curiosa combinação, nas vestes, da marca militar (a insígnia) e da feminilidade (a saia, o colar e o chapéu substituindo o boné). O olhar continua triste.

Foto pertencente ao acervo de imagens do Instituto Histórico e Geográfico Brasileiro (IL 1223), doada por Laurênio Lago em agosto de 1938. Embora não seja de boa qualidade, reproduzo-a por ser a única em que Jovita posa armada e equipada.

Deste retrato não consta a origem. Jovita encara o fotógrafo com o mesmo olhar firme e triste das outras fotos. Combina a mulher e o militar no uso da calça e do saiote.

37 dias de glória

Aceita como voluntária, incluída no 2.º Corpo de Voluntários do Piauí, fardada de segundo-sargento, Jovita ficou alojada na casa do comandante da unidade até 10 de agosto, quando a tropa embarcou para Parnaíba. Nesse ínterim, segundo informação que deu a Coaraci, seu pai veio de Caxias para vê-la e a contragosto concordou com sua decisão. Nos 37 dias que decorreram da saída de Teresina até a negação de seu pedido de engajamento no Rio de Janeiro, em 16 de setembro, Jovita viveu estonteantes momentos de glória, pontuados de homenagens nas principais capitais do Norte: São Luís, Paraíba (hoje João Pessoa), Recife, Salvador.

São Luís
As 460 praças do 2.º Corpo embarcaram no dia 10 de agosto

para Parnaíba, de onde tomaram o vapor *Gurupi*, para São Luís. Não houve desembarque dos voluntários devido a uma epidemia de peste que afligia a cidade. Oficiais, no entanto, desembarcaram e, com eles, a já falada sargento Jovita, que foi levada a palácio para cumprimentar o presidente da província, Lafaiete Rodrigues Pereira.[1] Na rampa de entrada, enfrentou multidão de curiosos e admiradores. Ficou hospedada na residência do ajudante de ordens da Presidência.

Segundo informação do *Publicador Maranhense*, de 24 de agosto, foi-lhe oferecido pelo empresário Vicente Pontes de Oliveira um espetáculo teatral a que assistiu em camarote enfeitado com a bandeira nacional. Trajava farda e calça brancas, saiote encarnado com banda e insígnias de primeiro-sargento [sic]. Não havia lugar vazio no salão. A "sublime artista sra. d. Manuela sustentando o auriverde pendão" declamou uma patriótica poesia de Muniz Barreto,[2] a que se seguiu o canto de um hino de guerra, composição de Francisco Libânio Colás, com letra do poeta Juvenal Galeno. Ao final do ato, foi exigida a presença de Jovita no palco, onde a cobriram de flores e a ovacionaram. Dona Manuela mimoseou-a com um grosso cordão e um crucifixo de ouro no valor de 200 mil-réis. Terminadas as homenagens, foi conduzida à residência do ajudante de ordens, acompanhada de muito povo e muita música. O negociante português Boaventura José Coimbra de Sampaio fez-lhe presente de um fino fardamento de pano azul.

Referindo-se à passagem de Jovita pela cidade, o *Publicador Maranhense* divulgou, na edição do dia 29, comentário assinado por J. S., que entre outras coisas dizia o seguinte: "Sim, quando até o frágil sexo se apresenta e pede uma arma para combater contra o inimigo, como essa Jovita Feitosa que acaba de passar por nós com destino ao Paraguai, nas fileiras do 2.º Corpo de Voluntários do Piauí, seria opróbio, vergonha e crime se nesta ocasião aparecesse o indiferentismo e a parcialidade política de parte daqueles que devem auxiliar as vistas do Governo na glória do Brasil". O comentário atesta o uso de Jovita como arma de propaganda do Governo para incrementar o recrutamento e a concomitante reação da oposição, vale dizer, dos conservadores, a tal prática.

No dia 26, o vapor *Tocantins*, que substituíra o *Gurupi*, levantou ferros e seguiu viagem para o Sul. A parada seguinte foi na cidade de Paraíba, capital da província do mesmo nome. Não houve desembarque, mas uma comissão subiu a bordo para saudar e presentear a voluntária com um anel de brilhantes.

Recife

O destino seguinte foi o Recife. O *Tocantins* lá chegou com a sargento Jovita a 31 de agosto. Difundida por jornais e viajantes, a fama da voluntária a precedera. O presidente da província, João Lustosa da Cunha Paranaguá, já nosso conhecido, hospedou-a em palácio. O correspondente no

Recife do *Jornal do Commercio* do Rio de Janeiro anotou: "Essa heroína, como talvez mais tarde a denomine a história com toda a justiça, foi objeto de ansiosa curiosidade nesta capital, onde um concurso imenso de pessoas a procurou ver e dar-lhe provas de simpatia".[3]

O correspondente seguiu informando que o empresário do Teatro Santa Isabel promovera um espetáculo em homenagem à voluntária. A casa fora tomada por uma "enchente" de espectadores, como em seus tempos gloriosos. Jovita visitara os camarotes da Presidência e de outras famílias distintas. Houvera a costumeira declamação de poesias, uma delas do poeta e romancista Franklin Távora,[4] e lhe tinham oferecido um buquê de flores. Correra o boato de que a filha do desembargador Mata a havia presenteado com um anel de brilhantes.

O *Diário de Pernambuco*, copiado pelo *Jornal do Commercio*,[5] confirmou a descrição. A praça em frente ao palácio em que se hospedara Jovita se convertera em grande anfiteatro para uma multidão de curiosos. No dia seguinte, várias pessoas a tinham visitado, inclusive fotógrafos (que haviam se dado conta de que Jovita era um bom negócio e vendiam seus retratos na galeria fotográfica do sr. Vilela, à rua do Cabugá). Os curiosos viam nela moderna Judite destinada talvez a decepar a cabeça do Holofernes paraguaio. O jornalista confirmou o impacto do exemplo da voluntária: "Rodeada sempre de mil admirações, ela será o *noli me tangere* do nosso Exército, depois de haver seduzido com seu heroico exemplo centenas de voluntários para a salvação da pátria".

Salvador

O vapor chegou a Salvador no dia 4 de setembro. Jovita foi novamente recebida em palácio, agora pelo presidente Manuel Pinto de Sousa Dantas.[6] O correspondente do *Jornal do Commercio* anotou no dia 5 de setembro: "A maior novidade que há por aqui é a presença da célebre Jovita Alves Feitosa, que segue no *Tocantins* para essa Corte".

Na Corte

O *Tocantins* chegou à Corte no dia 9 de setembro. Como nas outras cidades, a fama da voluntária a precedera na capital do país. Dois dias depois da chegada, o *Jornal do Commercio* anunciava com destaque um espetáculo a ser oferecido no dia seguinte no Teatro de São Pedro de Alcântara em homenagem ao corpo de voluntários do Piauí, ao qual vinha incorporada "a jovem heroína brasileira Jovita Alves Feitosa". A programação seria aberta com a execução do Hino Nacional. A seguir, aberta a cena, a atriz Ismênia, em trajes militares e acompanhada de todos os componentes do elenco, vestidos de voluntários, cantaria um novo hino intitulado "A espartana do Piauí".[7] A "célebre atriz" dona

Ludovine Soares, também em trajes guerreiros, recitaria uma poesia. A programação seria encerrada com a representação de um drama militar em quatro atos, intitulado *Recordações da guerra peninsular*, de autoria do sr. Brás Martins, com acompanhamento de música e grande aparato.

No dia do espetáculo, 12 de setembro, alguém que se identificou como Um Brasileiro comentou no *Correio Mercantil*, em matéria intitulada "Teatro de S. Pedro", que se tratava de modesta prova de consideração à heroica cearense que soube "mostrar o que vale a mulher quando os nobres sentimentos do amor à pátria despertam brios que a sociedade contempla admirada sem saber compreendê-los. Vejam-se os fluminenses neste espelho e pasmem de nossa indiferença". No mesmo número do jornal, Um Patriota, sob o título "Patriotismo", fez também o elogio da heroína e retomou o tema do exemplo: "Tão nobre empenho, digno de férvidos louvores, achará imitadores no solo brasileiro. Esperamos que outros demais sigam o exemplo da tão nobre e notável brasileira".

No dia 17, o *Jornal do Commercio* publicou artigo intitulado "A heroína piauiense", assinado por Um Brasileiro, em que o autor elogia a iniciativa de um empresário em fazer nova homenagem à jovem e pede que se realize logo, certo de que Jovita usará o produto arrecadado para "minorar os sofrimentos da indigência do pobre pai e irmãos". O autor, desconhecendo decisão do dia anterior, diz ter ouvido falar que o ministro da Guerra a promoveria a alferes e espera que o ajudante-general do Exército não se oponha.

A nova homenagem deu-se no dia 23 de setembro, dessa vez no Teatro Lírico Fluminense. Os preços variavam de 16$000 para os camarotes de primeira ordem a 1$000 para as galerias. No dia 2 de outubro, ainda segundo o *Jornal do Commercio* do dia anterior, mesmo já conhecida a resposta negativa do quartel-general do Exército, o Teatro Ginásio Dramático, dirigido pelo artista Furtado Coelho, ofereceu também seu espetáculo-benefício, representando o drama em três atos *Os voluntários*. No *Jornal do Commercio* de 20 de outubro, a comissão encarregada do benefício apelava aos que ainda não haviam pagado os bilhetes que saldassem a dívida, porque a heroína tinha que se retirar para o Piauí. Pode-se supor que a atitude dos inadimplentes se devesse à não admissão de Jovita como voluntária, já então amplamente conhecida.

Vozes dissidentes
A exaltação de Jovita e de sua atitude não foi unanimidade. Embora em óbvia minoria, algumas pessoas manifestaram dúvidas ou fizeram mesmo críticas ferinas ao tratamento dado à voluntária. Na edição de 1.º de outubro do *Diário de São Paulo*, por exemplo — portanto, já posterior à negativa do Governo —, alguém que se intitulava O Roceiro na Capital publicou um texto debochado e preconceituoso. Falava no

despropósito "de receberem uma sujeitinha como voluntário da pátria". Ela seria soldado ou soldada? Sargento ou sargenta? Acreditava que o verdadeiro objetivo dela seria montar um botequim de capilé para a tropa. Graças ao exemplo de Jovita, continuou, já tinha aparecido na Bahia uma "grandessíssima negra" querendo também ser voluntária. E concluiu: "Isto só a tronco, compadre".

Outra crítica apareceu no *Jornal do Commercio* de 14 de setembro, dois dias antes da decisão do Ministério da Guerra, assinada por um J. M. C. Representava a mais explícita crítica baseada no que se considerava na época o papel adequado da mulher na sociedade. O autor admitia a ida de mulheres à guerra, mas apenas para executar tarefas que lhes eram próprias: cozinhar e lavar as roupas dos soldados. No máximo, levar-lhes um cartucho ou um cantil d'água (o texto é reproduzido à frente).

O ataque mais virulento teve origem em rivalidades políticas. Foi publicado no jornal conservador maranhense *A Moderação* e é de autoria do redator. Esse jornal não foi localizado na hemeroteca digital da Biblioteca Nacional. Temos conhecimento do conteúdo do ataque pelas respostas que lhe foram dadas em *A Imprensa*, de Teresina. *A Imprensa* era o órgão do Partido Liberal e sempre defendeu o presidente Franklin Doria dos ataques de *A Moderação*. Na versão de *A Imprensa*, edição de 23 de dezembro, o articulista de *A Moderação* teria em um de seus artigos usado o caso Jovita para atacar Doria. Naquele momento, Jovita já regressara a Teresina, financiada pelo dinheiro que recebera do Exército. Segundo *A Imprensa*, o editor de *A Moderação* teria, "com o mais repulsivo desembaraço", chamado Jovita de prostituta, "epíteto afrontoso que se cospe na face da mulher perdida". Em outra ocasião, o editor é acusado de citar correspondência de certo J. M. C., "cheia de grosseiros dichotes". Esse J. M. C. é o autor do artigo mencionado e devia morar na Corte. A acusação de prostituição reapareceu depois da morte de Jovita, como se verá. O estranho é que apareça antes da entrada de Jovita nos *bas-fonds* do Rio de Janeiro. Pode referir-se aos rumores de que a voluntária tinha um amante na tropa, ou tratar-se de simples caso de preconceito contra mulheres que saíam dos limites do lar.

Na *Semana Illustrada* de 1.º de outubro, nota anônima também criticou a exaltação de Jovita: "Houve grave erro no modo e forma dos testemunhos de simpatia à voluntária Jovita". Louva o procedimento do ajudante-general que lhe tirou as divisas de sargento. O general prestara, segundo o autor, grande serviço à disciplina do Exército. Era preciso condenar os *fogachos patrióticos*.

Os 37 dias de glória, ao lado de alguma alegria, podem ter representado momentos de grande constrangimento para a sertaneja de Brejo Seco. Embora jovem e de boa aparência, Jovita era semianalfabeta, tinha os dentes limados, falava um português caipira, não tinha nenhuma familiaridade com as etiquetas de gente fina. Viu-se hospedada em palácios de Governo e em casas luxuosas, aplaudida nas ruas, festejada nos teatros, celebrada em poemas patrióticos, retratada por espertos fotógrafos, exaltada como heroína da pátria, chamada de Joana d'Arc do Brasil. Certamente a fizeram passar por um curso intensivo de hábitos de higiene, de comportamento à mesa, de modos de vestir, de conversação. O mutismo parece ter sido uma de suas defesas. Os jornais não registraram uma única palavra sua proferida nos dias de sua exaltação. Nem mesmo um sorriso.

FONTES

POEMAS

Boa parte das homenagens a Jovita compôs-se de poemas dedicados por admiradores, segundo moda da época — fosse para serem declamados nos teatros, fosse para impressão nos jornais, como a "poesia recitada no Teatro Santa Isabel pelo dr. Franklin Távora no Recife em honra da voluntária da pátria Jovita Alves Feitosa",[8] já reproduzida na biografia de Um Fluminense (p. 12-40). Alguns outros exemplos:

Jovita [9]

Ao grito de guerra
Lá surge na Serra
Jovita gentil.
Só tem do seu sexo
O mimoso perfil.

Do medo o valor
Não lhe muda a cor
No rosto loução;
Que o pátrio amor
Lhe acende o [no] peito
Um ardente vulcão!

No campo de Marte
Ela quer a sua parte,
Em rija batalha
Vergonha de imbeles
Expõe o seu peito
À dura metralha.

Gentil heroína,
Tua fronte é bem digna
De virente laurel;

Se eu tivesse isenção
Meu peito te daria
Por duro broquel.

        s. s.

À ilustre brasileira Jovita Alves Feitosa[10]

Quem és tu, anjo gentil,
Que como um bravo Pergueste, [?]
A pátria aflita acudindo?
Quem és tu que vens sorrindo
Altivo como um gigante
Vingar buscando o Brasil?

Quem és tu? Quem te mandou
Tão cheio de simpatias
Afrontar, talvez a morte?
"Sou filha altiva do Norte!
"Sou soldado brasileiro!
"Aos bárb'ros direi que sou!"

E no rosto feminil
Tendo a corag' estampada
Sorrindo passa a guerreira,
E o povo, a nação inteira

Saúda o anjo do Norte,
Nova estrela do Brasil.

Saudá-la eu quero também!
Um — bravo — dizer-lhe eu quero,
Juncar-lhes as plantas de louro!
A ti da pátria tesouro
Mesquinho canto consagra
Um jovem que nada tem!
Avante, avante, marchai!
Mostrai à Europa abismada
Que até mesmo a Brasileira
Toma as armas, é guerreira,
Quando aos campos do combate
Vem chamá-la o Paraguai!

Ela vai! Bárb'ros fugi!
O mundo inteiro há de vê-la
Valente como um gigante!
Jovita, heroína, — avante!
E dê-te o anjo da fama
Seus louros verdes a ti.

    Santana do Macacu
    A. J. de Almeida e Silva Junior

O brado da virgem[11]
Recitativo patriótico, oferecido às senhoras brasileiras por Francisco Muniz Barreto.

À guerra, à guerra meu Brasil ingente!
Oh! Não desmente [sic] o teu passado, não!
À guerra! À guerra! Lá no Sul teu povo
Levanta um novo marcial padrão!

Ouve, a bombarda a combater te chama...
Bem alto a chama te apregoa já:
De Riachuelo e Paissandu na história
Já tua glória eternizada está.

Teus bravos filhos à peleja corram;
Vençam, ou morram; que assim quer o céu:
Quem os gemidos da mãe pátria escuta,
E foge à luta, d'alto crime é réu.

Rompa, espedace o brasileiro gládio,
Dos seus paládios, ao paraguaio arnês!
Brasil! A afronta que hás sofrido, prava,
No sangue lava do feroz López!

Co'essa de Palas, multidão galharda,
Que vai a farda da Milícia honrar

Voa... as muralhas d'Humaitá derruba
Co'a crespa juba, meu leão sem par!

Pr'igos, refregas denodado arrosta!
Castiga, prostra d'Assunção o bei!
Para ensinar-te da vitória os trilhos,
Com seus dois filhos lá está teu Rei.

Rasgo sublime de amor santo e fundo
PEDRO SEGUNDO praticou por nós!
Lá troca o cetro pela régia espada,
Que herdara honrada, de seu pai e avós.

À sua pátria sacrifica a vida,
Vendo-a invadida pelo in'migo audaz;
Esposa, filhas, tudo esquece, e parte,
Anjo de Marte, como o é da paz.

Pátria, os teus brios mais e mais se expandam!
Ao Sul nos mandam natureza e Deus:
À voz de — guerra — que nos vem de cima,
Nenhum se exima dos bons filhos teus.

Êmulos surjam de Marcílio Dias
Nessas porfias de mavórcio ardor;
Cada um dos nossos na naval peleja,
Barroso seja no imortal valor.

Virgens e donas da brasílea terra,
Também à guerra devereis correr,
Se porventura masculinos braços
Forem escassos pr'a o Brasil vencer.

Mães, vossos filhos exortai, no entanto,
Ao prélio santo, que nos vai remir
Dessa invasão do paraguaio corvo,
Que a fome, torvo, quer em nós nutrir.

Irmãs, esposas, ao combate, hardidos,
Vossos maridos, deixai ir e irmãos!
Oh! pelo céu! Não vos tomeis de amores,
Nem de temores pueris e vãos!

Eia, patrícias! varonil pujança
Não conte a França em suas filhas só;
Dela e de Roma feminis proezas
Obrai, acesas do Brasil em pró!

Segui o exemplo, que, valente abre
Jovita,* o sabre a manear gentil;
Ide com ela, de clavina ao ombro,

---

* Jovita Alves Feitosa, natural de Inhamuns, província do Ceará, e hoje sargento do batalhão dos voluntários do Piauí.

Fazer o assombro do gaúcho vil!
Brasílea guarda nacional briosa,
Que já famosa em teu civismo é,
Vai retomar ao Paraguai teu solo,
Da hidra o colo machucar aos pés!

Vai!... Lá te espera o nosso sábio e justo
Irmão augusto e desvelado pai...
Por ti milícia cidadã bendita,
A pátria grita: defendê-la vai!

Brasil! Ao insulto inesperado, amargo,
De teu letargo despertaste enfim...
Em ti não mais inércia tal se aponte;
Não mais te afronte o estrangeiro assim!

Não mais te oprimam dolorosas fases,
Formoso Oásis dos amores meus!
Longe discórdias e fatal cobiça!
Pátria! — justiça, Monarquia e Deus!

Bahia, agosto de 1865

O *Correio Paulistano* publicou dois acrósticos em homenagem a Jovita. Abaixo vai transcrito um deles.

A Heroína Brasileira [12]
SONETO

Virgem de Inhamuns, mulher soldado!
Indizível fenômeno do Norte
Vestal do Ceará, por cuja sorte
Aumenta do Brasil hoje o cuidado.

Dos bravos belicosos vais ao lado
O perigo afrontar, zombas da morte;
Nunca de teu gládio o fino corte
Ao inimigo poupe em campo armado.

Jaz no Paraguai inda com vida
O tirano dos povos opressor,
Verdugo tão cruel como homicida.

Invencível Jovita! tem valor
Tenaz em teu projeto enraivecida
A vida acaba do falaz traidor.

Itapeva da Faxina, 1.º de novembro de 1865. I.M.F.

À heroína piauiense [13]

É feito, nunca feito, nem sonhado.

SONETO

Descobriu-se afinal — teremos paz!
Será de Jano a porta aferrolhada;
Exulta o Império que não quer maçada;
Arrasados vão ser os Humaitás.
    Já podemos gravar um — aqui jaz —
    A Solano — o autor da trapalhada;
    Será livre a nação escravizada;
    Não mais se falará no Ferrabrás.
Foi do Norte que veio o benefício;
Heroína sem par, mulher-soldado,
Que salvou o Brasil do precipício!
    Deixar o seu quitute apimentado,
    Contentar-se a comer pão de munício,
    É feito, nunca feito, nem sonhado.

        Demócrito

Sem título [14]

Uma vingança estrondosa
Da nação o brilho ordena;
À nossa terra formosa
Quem violou sofra pena
Longa, cruel, afrontosa.

Pois nesta hora suprema
Tem havido, tia Chica,
Quem com a pátria não gema,
Quem na indiferença fica
Vendo-a na desgraça extrema;

Quem da honra surdo ao brado,
Se furta ao sacro dever;
Quem prefere, desairado
Como egoísta viver
A ser filho dedicado.

Jovita um exemplo dá
A esses homens de borra,
Em quem melhor ficará,
Em vez de farda e de gorra,
Uma saia de bambá.

Vê, pois, ó tia querida,
Quanto aplaudo esta heroína.
Vou além: da mais subida
Distinção a julgo di'na,
— A capitão promovida.

Mas, minha tia e senhora,
Devo falar com franqueza:
Vosmecê que nada ignora,
Que pensa com madureza,
A mentira desadora.

Pode haver mais crueldade
Do que deixar a inocente,
De menina em tenra idade,
Das batalhas apresente
Do peito à ferocidade?

Se é sublime o sentimento
Que a pátria a leva a servir,
Mostra ter bom pensamento
Quem, senhora, consentir
Que ela efetue esse intento?

Se um militar destemido
Habituado ao perigo
É do terror invadido,
Quando o mosquete inimigo
Vê contra si dirigido:

O que será da coitada,
Fraca mulher, imprudente,
Lá no retiro criada,
Quando na peleja ardente
For de metralha acossada?

Da mulher não é missão
No márcio fogo brilhar;
Sua débil, frágil mão
Não serve p'ra manejar
Montante, obus ou canhão.

Para mostrar-se heroína
Refregas não há mister;
Para sê-lo a lei divina
Do gineceu no viver
Deu-lhe tarefa mais fina.

E quando por vocação
Mor fadiga queira ter,
Da caridade a função
Para glória merecer
Lhe há de dar ocasião.

Jovita, portanto, seja
Pela prudência guiada:
Quem pode, senhora, veja
Que melhor aproveitado
Será do que na peleja.

É erro mandá-la à guerra,
É crime expô-la ao perigo:
Leis do céu e leis da terra
Fulminam grave castigo
A quem por vontade aberra.

Muito mais eu lhe diria
Sobre este assunto importante
Se não fosse, amada tia,
O temor de ser maçante:
Portanto, até outro dia.

João Nicodemos

Coluna assinada por O Roceiro na Capital[15]

Poema introduzido com a recomendação zombeteira: "Diga à comadre Cecília, que cuidado com suas negras; podem todas elas querer vir pegar na reúna. Por isso, ela que leia esta versaria que já fizeram no Rio de Janeiro contra as tais Jovitas".

JOVITA

Inhame é cará barbado,
É raiz pouco bonita;
Entretanto de Inhamuns
Veio, sem barba, Jovita!

Mas se cabelos no queixo
A sorte dar-lhe não quis
Tem Jovita entusiasmo
E mostarda no nariz:

E cabelinhos na venta
Que lhos deu Jove seu pai;
Tenha pois suores frios
O Lopes do Paraguai

Porém ouço que não querem
Jovita para guerreira;
E trocando as bolas fazem
Do sargento uma enfermeira!

Protesto com toda a força
Da minha indignação:
Aos sargentos não compete
Andar de unguentos na mão.

E senão vejam com calma
Se não causa hilaridade
Um sargento brasileiro
Feito irmã de caridade!

Só uma coisa eu reparo
Que me faz admirar:
Se ela é sargento, no posto,
Seja-o também no trajar.

Tire a saia, envergue calças
E uma boa Minié
E mostre p'ra quanto presta
Quem em Deus espera e crê.

Pois não sei o que parece
De saia curta ela usar,
Se assemelhando de longe
Ao cupido do Alcazar!

Aprenda bem a manobra
Do sargento este é o ofício,
Seja rara nos teatros
E assídua no exercício.

A baioneta cultive,
Não despreze a pontaria;
Mostre-se — que é mulher — na cara
E homem na valentia!

Mate, estrafeque, esquarteje
Com dentes, unhas, e espada;
E volte então heroína
Amazona denodada.

Que, se voltar brigadeira,
Em vez de versos mofinos
Lhe ofertarei uma ode
Em ditos alexandrinos.

G. M.

Adeus. — Diga ao vigário que tome juízo.

Segismundo

Voz dissidente

O *Jornal do Commercio*,[16] dois dias antes da decisão da Secretaria da Guerra, publicou texto de um j. m. c. que dizia:

> A ofensa a mais grave à dignidade dos homens que se prezam e a daqueles que militaram, é sem dúvida a presença da jovem Jovita Alves Feitosa nas fileiras do 2.º Batalhão de Voluntários do Piauí. Custa a crer; porém esse fato infelizmente deu-se, e na atualidade houve um presidente de província que aceitou semelhante oferecimento dessa senhora; e ainda mais, para galardoá-la mandou dar-lhe o posto de sargento. Desejávamos que o presidente do Piauí nos dissesse em que se afirmou para fazer semelhante aceitação e conferir-lhe o posto que mencionamos.
> Nos exércitos em campanha, muitas mulheres, quer de soldados ou não, acompanham e prestam, reunidas a eles, serviços úteis como sejam lavar, cozinhar e engomar a roupa das praças. A mulher poderá servir quando muito para fornecer um ou outro cartucho, um ou outro cantil d'água em ocasião de fogo,

ao soldado que peleja; mas não poderá jamais lançar mão de um sabre e bater-se quando se apresentam as ocasiões.

Não nos admira que o presidente do Piauí a aceitasse e fizesse-a marchar para esta Corte; não nos admira ainda que os especuladores a façam apresentar-se nos teatros, cobrindo-a de flores, bravos e palmas; não nos causa admiração que a abnegação dela fosse tanta que deixasse seu pobre pai e tenros irmãos por amor da pátria; nada disso nos faz admirar: o que unicamente admiraremos é que o ex.^{mo} sr. ajudante-general do Exército consinta que essa heroína marche para o teatro da guerra.

Foi um oferecimento justo, honesto, nobre e muito patriótico; mas cumpre, para a honra e moralidade do país, que ele não seja imitado. J. M. C.

> **Na casa do Profeta, vende-se retratos da jovem Jovita Voluntaria da Patria, a 1$000 cada um.**

Anúncio publicado no *Diário de São Paulo*,
7 de novembro de 1865, p. 4

Joana d'Arc, heroína francesa da
Guerra dos Cem Anos

A voluntária da morte

Um balde de água fria aguardava a voluntária. No dia 16 de setembro, a Secretaria de Estado dos Negócios da Guerra baixou ordem negando permissão para o engajamento de Jovita como voluntária combatente. Jovita poderia, no entanto, ser aceita, como qualquer outra mulher, para prestar "os serviços compatíveis com a natureza de seu sexo, serviços cuja importância pode tornar a referida voluntária tão digna de consideração, como de louvores o tem sido pelo seu patriótico oferecimento". Segundo Um Fluminense, que reproduz a ordem do Ministério, de que era ele próprio funcionário (ver p. 28), Jovita recorreu ao ministro da Guerra (na época, José Antônio Saraiva), solicitando-lhe que revogasse a ordem. O ministro respondeu em carta atenciosa reiterando a decisão do ajudante-general. Louvou, no entanto, o patriotismo de Jovita e ofereceu ajuda financeira para que ela retornasse à sua família.

A propósito da decisão, o Dr. Semana, da *Semana Illustrada*, pseudônimo que às vezes cobria o nome de Machado de Assis, escreveu em 1.º de outubro uma nota intitulada "Suplício de Jovita". Tiraram-lhe a farda e a baioneta e a condenaram ao suplício da agulha e do crochê, afirmou, e concluiu em tom que as mulheres de hoje aplaudiriam: "[...] as mulheres não têm direito de se fazer matar pelos inimigos mas... pelos amigos".

Negado o pedido, não podendo mais viver aquartelada, Jovita passou a residir na casa do deputado piauiense Polidoro César Burlamaqui, situada à rua de Santo Amaro, n.º AA.[1] Seu sentimento, transmitido a Um Fluminense em entrevista, era naquele momento de inconformismo e revolta, embora conversasse com o entrevistador brincando com bonecas. Não tinha outra escolha além de aceitar a ajuda do Ministério da Guerra para retornar à companhia do seu tio Rogério em Jaicós, ou do pai e dos irmãos no Brejo Seco. Além da ajuda do ministro da Guerra, contava também para a viagem de volta com os recursos repassados pelos empresários teatrais.

Voltou a Teresina em novembro, dois meses depois da recusa do Governo. Segundo o *Publicador Maranhense*,[2] ela passou por São Luís em direção a Teresina com despesas pagas pelo Ministério da Guerra. Na capital piauiense, hospedou-se na casa do inspetor do Tesouro, Fernando da Costa Freire.

Não há informação sobre o que se passou nos quatro meses em que permaneceu na cidade. Sabbas da Costa dá como motivo de seu retorno a Teresina o desejo de reencontrar um filho que deixara com o avô paterno em Jaicós. Dinah Silveira de Queiroz, por sua vez, a faz voltar, conformada, à terra natal.[3] Mas são textos de ficção, sem comprovação documental.

É possível, porém, especular sobre o que pode ter acontecido. A primeira iniciativa de Jovita foi, sem dúvida, procurar contato com o pai indo a Brejo Seco, ou mesmo em Teresina. O obituário publicado no *Correio Mercantil* e um poema de Rangel Sampaio, citados a seguir, afirmam que o resultado do contato fora a rejeição do pai, que, como relata Um Fluminense, já a custo aprovara sua ida ao Rio de Janeiro. Nada se diz sobre sua possível ida a Jaicós para ver o tio Rogério. Mas este certamente não a aceitaria de volta sem o consentimento do pai.

Rejeitada pelo pai e pelo tio, restava a possibilidade de proteção do presidente Franklin Doria, que fora o responsável por sua aceitação como voluntária. Hospedada na casa do inspetor do Tesouro, Jovita decerto teve contato, direto ou indireto, com o presidente. Comprovadamente, ela se encontrou com ele no dia de seu regresso à Corte. Mas Doria já fora acusado por inimigos políticos de a ter protegido e mesmo de ter tido com ela relação amorosa. Ele não haveria de querer dar motivo para novas acusações. Ficar em Teresina sem proteção seria constrangedor, pois saíra como heroína e voltara humilhada pelo fracasso de seus planos. Jovita viu-se numa penosa situação, em que não tinha a quem pedir apoio emocional e orientação sobre que caminho tomar. Voltar ao Rio de Janeiro deve ter-lhe parecido um mal menor, pois na cidade grande poderia passar despercebida. Foi o que fez. Usando os recursos recebidos dos empresários teatrais, regressou à Corte, aonde chegou a 18 de março de 1866, já com dezoito anos de idade.

A próxima notícia sobre ela encontrada nos jornais do Rio de Janeiro só agrega mistério aos já existentes. O *Diário do Rio de Janeiro*[4] noticiou um regresso seu à Corte no vapor *Galgo*, que saíra de Montevidéu, passando por Santa Catarina. O vapor fora contratado pelo Governo para fazer o transporte de soldados e, de fato, com Jovita chegaram vários militares, oficiais e praças, muitos deles inválidos. Como não há razão alguma para justificar uma visita sua a Santa Catarina, cabe supor que ela tenha ido a Montevidéu, isto é, perto do teatro da guerra. O que teria ido fazer lá? A viagem teria a ver com as suspeitas de ter tido um amante entre os voluntários de Jaicós e de que esse amante fora a razão de seu voluntariado, como afirmou o *Correio Mercantil*?[5] Ou teria ido visitar o irmão Jesuíno, que, segundo declarou ao chefe de polícia de Teresina, a precedera como voluntário, mas que nunca foi mencionado depois? É um ponto cego na biografia de Jovita.

É certo, no entanto, que ela, nos quase dezenove meses em que viveu na capital, se juntou "às elegantes do mundo equívoco", na expressão usada no obituário que lhe escreveu o *Correio Mercantil*. Sobre ter-se prostituído há ainda o precioso testemunho de Sisno de Fashera, autor insuspeito pois não escondia sua simpatia pela voluntária. Informa ele que conversou com Jovita em um hotel da cidade, além de ter consultado centenas de pessoas em busca de mais informações. No hotel, viu-se diante de uma pessoa amarga que lamentava não ter tido educação para fugir ao abismo em que caíra e se queixava de invenções a seu respeito, "tirando a origem em não sei que românticos amores". No poemeto, Fashera coloca na boca da voluntária os seguintes versos:

> *Misturei sacros deveres,*
> *Com os lúbricos prazeres*
> *E num abismo caí.*[6]

Outro poema, agora de Rangel de Sampaio, sem título, reforça a hipótese:

> *Quis a farda e fuzil, deram-lhe a túnica*
> *Da perdida — tisnaram-lhe a capela,*
> *Que exornava-lhe a fonte inteligente*
> *Chamaram-na Ninon,*[7] *sendo donzela!*[8]

A notícia seguinte sobre ela publicada na imprensa saiu no dia 10 de outubro de 1867. Era o registro de seu suicídio, ocorrido no dia anterior. *Jornal do Commercio*, *Correio Mercantil*, *Diário do Povo* e *La Gazette du Brésil*, todos do Rio de Janeiro, deram a notícia e publicaram necrológios nos dias seguintes. Os relatos mais completos foram os do *Jornal do Commercio* e do *Correio Mercantil*, reproduzidos por *O Cearense*;[9] pelo *Pedro II*, do Ceará;[10] pelo *Diário de São Paulo*[11] e por outros jornais do Piauí, de Pernambuco e do Maranhão, e por *La Gazette du Brésil*.

Os necrológios do *Jornal do Commercio* e do *Correio Mercantil* vão reproduzidos a seguir. Recorro a eles para resumir os acontecimentos.

Segundo o *Correio Mercantil*,[12] após a negativa do Ministério a sua pretensão, Jovita passara a fazer parte das *"elegantes do mundo equívoco"* (itálico no original) e mantinha relação amorosa com William Noot, engenheiro galês da companhia de esgotos, residente à Praia do Russel, 43.[13] O prédio era de propriedade do tenente-coronel da Guarda Nacional João Frederico Russel,[14] e estava alugado ao súdito inglês Howard. Segundo informações de um criado e de uma escrava de Howard, Jovita chegara ao prédio em torno das três horas da tarde do dia 9 de outubro, pedira papel e tinta e se fechara no quarto de Noot. Poucas horas depois foi encontrada morta. Deitada de costas na cama, face voltada para o lado direito, pernas pendentes, tinha um punhal cravado no coração, em movimento de cima para baixo e da esquerda para a direita.[15] Chamado por Russel, o subdelegado da Glória foi ao local, registrou a morte e encontrou num bolso do vestido da suicida uma carta em que ela assumia a responsabilidade por seu ato, duas fotos de Noot, uma carta dele em inglês anunciando a partida, e várias poesias manuscritas. Comentando, o jornal diz ter sido informado de que Jovita quis se alistar para não se separar do homem que amava. Dispensada, quis voltar à casa paterna, mas fora rejeitada. Sem recursos, "deixou-se transviar". E conclui que, por degradante que tenha sido a vida de Jovita nos últimos tempos, "a história de sua vida torna-a digna de compaixão".

O *Jornal do Commercio*[16] reproduziu informações que atribuiu às autoridades policiais. Noot, engenheiro da City Improvements, morava na casa da Praia do Russel com outro engenheiro. Terminado seu contrato, escrevera bilhete em inglês para a amante, despedindo-se. No dia 9, alguém fora à casa de Jovita, à rua das Mangueiras, 36,[17] e lhe informara que Noot partira no paquete *Oneida*. A notícia causou-lhe tão grande perturbação que sua companheira de residência temeu algum desatino de sua parte. Às duas da tarde, vestida com esmero, Jovita chamou um carro e se dirigiu ao endereço da Praia do Russel. Lá chegando, uma escrava confirmou a partida de Noot. Ela entregou à empregada alguns papéis dirigidos ao inglês e trancou-se sozinha no quarto dele. Às cinco e meia, a escrava entrou no quarto e a encontrou deitada com a mão sobre o coração. Tentou reanimá-la com água-de-colônia, só então percebendo que a mão colocada sobre o coração segurava um punhal cravado até as guardas. Foi chamado o dr. Façanha, subdelegado da Glória, que, juntamente com o legista, dr. Goulart, procederam ao registro do fato e à autópsia do corpo. No bolso esquerdo do vestido de Jovita estava o bilhete em que dizia matar-se por razões que "só dela e de Deus eram conhecidas". O jornal acrescentou, sem dar a fonte, que Jovita se despedira da mulher com quem morava com um "Adeus, até mais nunca", indicação de que a decisão de se matar já estava tomada.

Noot partira no mesmo dia 9. Uma barca o levara às sete horas ao paquete *Oneida*, que zarpou às oito horas em direção a Southampton. Jovita não poderia ter sabido da partida dele pelos jornais, como sugere o *Correio Mercantil*, porque o anúncio da viagem, embora publicado pelo *Jornal do Commercio*, pelo *Diário do Rio de Janeiro* e pelo próprio *Correio Mercantil* no dia anterior, não fornecia a lista de passageiros. Claramente, o engenheiro não quis enfrentar uma despedida pessoal. Terminara seu contrato e sua aventura tropical de que talvez não quisesse levar lembranças. Indignado, o Dr. Semana condenou seu comportamento perguntando se teria ele tido algum remorso. "Só Deus o sabe!", respondeu. Minha aposta é que não teve: dois anos depois do regresso já estava casado.

Jovita teria sido enterrada em vala comum no cemitério de São Francisco Xavier, no Caju, não fosse a iniciativa de Francisco Mendes de Araújo, guarda do depósito da Santa Casa e veterano da guerra da independência da Bahia, que coletou doações para lhe dar sepultura individual. Documentos da polícia e da Santa Casa, administradora do cemitério, a seguir reproduzidos, comprovam, sem lugar para nenhuma dúvida, a morte da jovem por suicídio e seu enterro no dia 10 de outubro no quadro 2.º, número 3 587 do cemitério de São Francisco Xavier. O custo foi de 6$000.[18] Estranhamente, embora se tratasse de uma suicida a quem a Igreja católica negava os ritos religiosos, apareceram nos jornais três anúncios de missas de sétimo dia, uma na igreja da Lapa no dia 15, outra na igreja da Misericórdia, a terceira na matriz de Santo Antônio dos Pobres, as duas últimas no dia 16. A última é a mais curiosa, por ter sido promovida por "amigas da desventurada Jovita", certamente outras "elegantes do mundo equívoco".[19]

Os comentários publicados nos jornais seguiram o adotado pela *Semana Illustrada*: compaixão e pesar pelo trágico destino da Joana d'Arc brasileira. Mas apenas um mês depois, a *Semana* perguntava: "Quem fala mais em Jovita? Quando a voluntária do Piauí chegou a esta Corte, não se falou em outra coisa; todos queriam vê-la". Depois que o ministro rejeitou seu pedido, "ninguém mais falou nela, até que, voluntária da morte como havia sido voluntária da pátria, a pobre rapariga deu o tristíssimo exemplo de uma coragem mal empregada". De novo, concluía o texto, houve comoção, não se falou em outra coisa durante dois dias e meio, até que outro assunto veio ocupar a opinião.

É impossível avaliar o que se passou pela cabeça de Jovita após tomar conhecimento da partida inesperada do amante, que a levou à trágica decisão de tirar a própria vida. Pode-se apenas conjecturar. Em seu depoimento, Sisno de Fashera nos dá uma informação importante. É a de que, após o encontro com Noot, Jovita teria abandonado a prostituição. A ser isso verdade, podemos admitir que ela, desiludida e amargurada com o fracasso de seu sonho de voluntária, teria encontrado um novo amor e um novo sentido para a vida. A informação permite melhor avaliar a magnitude do impacto emocional causado pela partida abrupta do amante. Jovita, então uma jovem de dezenove anos, ainda guardava restos de suas impetuosas emoções, a que não conseguiu resistir depois da segunda decepção. Rejeitada pelo Governo, pelo pai e pelo amante, decidiu rejeitar a vida.

FONTES

Atestado de morte por suicídio fornecido pela polícia

"Primeira Delegacia de Polícia da Corte, em 10 de outubro de 1867.
Pode sepultar-se o cadáver de Jovita Feitosa, em quem se procedeu a autópsia, e reconheceu-se ter-se suicidado."

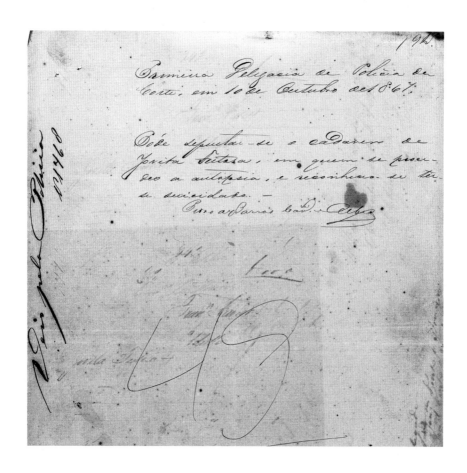

Certificado do sepultamento do cadáver de Jovita Feitosa no cemitério de São Francisco Xavier

"Foi sepultado no Quadro 2.º, debaixo do n.º 3587 de adulto. Cemitério de S. Francisco Xavier, em 10 de outubro de 1867. Pelo Administrador, Joaquim dos Santos Pereira."

Missa

> Algumas amigas da desventurada Jovita Alves Feitosa convidão aos conhecidos e amigas da mesma para assistirem a uma missa que, pelo descanso eterno de sua alma, mandão celebrar no dia 16 do corrente, ás 8 horas da manhã, na matriz de Santo Antonio dos Pobres.

Diário do Povo, 11 de outubro de 1867, p. 4

Obituários

CORREIO MERCANTIL[20]

JOVITA — Entre as numerosas levas de bravos que ao reclamo da pátria passaram do Norte a fim de tomar parte nas lutas da atual campanha contra o Paraguai, veio um batalhão do Piauí, em cujas fileiras alistara-se como voluntária Jovita Alves Feitosa, natural daquela província [era natural do Ceará].

Chegada nesta Corte, foi a patriota dispensada do serviço pelo Ministério da Guerra, e pouco depois Jovita era uma das *elegantes do mundo equívoco.*

Anteontem, pelas seis horas da tarde, a chamado do sr. tenente-coronel João Frederico Russel, dirigiu-se o sr. subdelegado da freguesia da Glória a uma das propriedades daquele senhor, na Praia do Russel, n.º 43, ocupada pelo súdito inglês Howard e, penetrando, acompanhado do respectivo escrivão, peritos e testemunhas, em um dos quartos da casa, que até a véspera daquele dia servira de dormitório ao engenheiro da companhia de esgotos William Noot, o qual seguira no último paquete para a Europa, encontrou atravessada sobre uma cama de ferro, com as pernas pendentes ao chão e a face voltada sobre o lado direito, o cadáver da infeliz Jovita, tendo implantado obliquamente da esquerda para a direita e de cima para baixo, na região precordial, um canivete em forma de punhal, com cabo de madrepérola.

Ouvidos um criado e uma preta escrava alugada de Howard, únicas pessoas que durante o dia tinham estado em casa, declararam estes que Jovita, que entretinha relações amorosas com William Noot, chegara ali pelas três horas da tarde e, pedindo papel e tinta, procurara ficar só naquele quarto, onde horas depois foi encontrada morta.

A pobre moça tinha no bolso do vestido de sarja preta que trajava um escrito em que declarava o seu triste desígnio; encontraram-lhe também no mesmo bolso duas fotografias de Noot, alguns escritos deste, entre os quais uma carta em inglês, na qual participava a sua amante que partia para a

Europa, e várias poesias manuscritas. No bilhete que escreveu dizia Jovita apenas o seguinte:

"Não culpem a minha morte a pessoa alguma. Fui eu quem me matei. A causa só Deus o sabe."[21]

Ao que parece, a infeliz só acreditou na partida de Noot depois que leu nos jornais o seu nome entre os dos passageiros saídos para a Europa.

Informam-nos que esta infeliz moça dispusera-se a seguir para a guerra com o intuito de não separar-se do homem a quem amava, e que fazia parte do batalhão onde ela se alistara. Quando foi dispensada quis recolher-se ao lar paterno; mas dali negaram-lhe também essa esperança, e foi então que, balda de recursos, sem amparo, deixou-se transviar. Entre os seus adoradores encontrou esse por quem afeiçoou-se a ponto de chegar ao resultado que ora noticiamos.

Por degradante que tenha sido a existência de Jovita nos últimos tempos, a história de sua vida torna-a digna de compaixão.

JORNAL DO COMMERCIO E PEDRO II[22]

Suicidou-se anteontem de tarde na casa da Praia do Russel n.º 43, Jovita Alves Feitosa, natural do Ceará, a mesma que viera para esta Corte com o posto de sargento de um batalhão de voluntários daquela província [do Piauí], e que tendo depois tido baixa aqui ficou residindo.

A respeito deste trágico acontecimento e dos motivos que levaram aquela infeliz a dar fim aos seus dias, comunicou-nos a autoridade competente o seguinte:

Jovita entretinha há algum tempo relações com Guilherme Noot, engenheiro da Companhia City Improvemento [sic] morador com outro engenheiro da mesma companhia na casa acima.

Tendo finalizado o tempo do contrato que Noot tinha com a companhia, e devendo ele partir ontem para a Inglaterra, escreveu um bilhete em inglês, no qual despedia-se participando aquela sua intenção.

Desconhecendo a língua inglesa, e na suposição de que aquele bilhete não continha mais do que a repetição de cumprimentos que o mesmo lhe havia mais de uma vez dirigido em outros escritos em português, Jovita não se deu pressa em procurar quem lho traduzisse.

Anteontem de manhã, indo alguém à rua das Mangueiras n.º 36, onde morava a infeliz, disse-lhe que Noot havia partido no paquete inglês *Oneida*, notícia esta que causou-lhe surpresa e desassossego tais que uma mulher que com ela morava, temendo algum desatino de sua parte, procurou tranquilizá-la, dizendo que talvez não fosse verdade.

Pouco depois de duas horas da tarde fez Jovita chamar um carro e, vestida com todo o esmero, nele entrou, mandando que a conduzisse à casa indicada na Praia do Russel, onde chegando e sabendo de uma preta que com efeito Noot havia partido e que seu companheiro não se achava em casa, entrou no quarto que fora habitado por aquele a quem procuraram e tendo pedido um envelope nele meteu alguns papéis com direção a Noot, entregou-o a seu destino, e sentou-se na cama que ali havia, retirando-se a preta.

Às cinco e meia horas, vendo a preta que a moça ainda se conservava no quarto, ali penetrou encontrando deitada na cama com a mão direita no coração e parecendo presa de algum ataque, tentou reanimá-la chegando-lhe ao nariz um vidro com água-de-colônia, depois do que procurou levantá-la e viu então que a mão colocada sobre o coração apertava um punhal nele cravado até às guardas.

Foi então chamado o dr. Façanha, subdelegado da Glória, o qual ajudado pelo respectivo médico verificador dos óbitos, dr. Goulart, procedeu à autópsia no cadáver, verificando ter o punhal penetrado na região precordial, entre a quarta e quinta costela, ferindo ligeiramente o bordo do pulmão esquerdo, e indo penetrar na cavidade esquerda do coração.

No bolso esquerdo do vestido da suicida foi encontrado um bilhete por ela escrito, declarando que ninguém a havia ofendido e que matava-se por motivos que só dela e de Deus eram conhecidos. "Ao sair de sua casa Jovita despedira-se da mulher que [com] ela morava, dizendo-lhe: *Adeus, até mais nunca.*"

Reações

Foram várias as reações ao suicídio de Jovita, todas respeitosas e sensibilizadas diante do fim trágico da voluntária. Reproduzo apenas uma delas, sem autoria, publicada na *Semana Illustrada*.[23]

A trágica morte de Jovita, a célebre voluntária do Piauí, inspirou a um poeta anônimo uns versos simples e sentidos que passo a publicar chamando para eles a atenção do leitor.

A pátria e os seus amores
De Jovita era o pensar;
A pátria sua ofendida
Jovita busca vingar.

A mulher jamais peleja
Entre Marte e seus furores,
À mulher somente cabe
A doçura dos amores.

Voa Jovita, a coitada
Voa, busca o seu destino;
Amor no seio ela afaga,
Dá-lhe lições, dá-lhe ensino.

Amor, ingrato, fugiu-lhe,
Levou-lhe a triste ilusão,
Nem amor nem pátria querem
Aceitar seu coração.

Se a pátria não quer seu sangue,
Nem amor quer suas flores,
Aceita a morte mais branda
O termo das suas dores.

Conclusão: Jovita polissêmica

Após o suicídio, as referências a Jovita nos jornais escassearam. Em 1869, seu nome veio à baila ainda no âmbito da raivosa disputa entre liberais e conservadores no Piauí, com a diferença de que agora os conservadores estavam no poder e iam à forra contra os liberais. Um deputado pelo Piauí, o conservador Coelho Rodrigues,[1] ressuscitou na Câmara as críticas ao comportamento do presidente Franklin Doria. Os ataques ficaram registrados no *Jornal do Commercio* e em *O Piauhy*, e nos *Anais da Câmara*. Coelho Rodrigues acusou Doria de várias irregularidades, de ter protegido Jovita, com quem se teria envolvido emocionalmente, e que ela, por sua vez, se teria oferecido como voluntária "para acompanhar o soldado com quem vivia, descobriu-se posteriormente o fato".[2] O deputado não apresentou evidência dessas acusações.

Sete anos mais tarde apareceu nota enigmática no *Diário do Rio de Janeiro*: "Tribunal de 1.ª instância. Escrivão o sr. T. Rabelo. Arrestos. Autor o juízo. Réus os espólios [entre outros] Jovita Alves Feitosa".[3] Três dias depois, pela Vara de Ausentes, foram convocados herdeiros de várias pessoas, inclusive de Jovita, o que sugere a existência de alguma dívida ou legado dela.

Fora dos jornais, foram publicados três folhetos importantes. Um deles é a novela de Sabbas da Costa, *Jovita*, de 1868, mistura de história e ficção. A parte ficcional refere-se, sobretudo, à vida de Jovita anterior ao voluntariado. O motivo de se ter ela voluntariado teria sido, segundo o autor, uma frustração amorosa. Seduzida pelo filho de um fazendeiro, o amante a teria abandonado já grávida. Como castigo, teria sido mandado à guerra pelo próprio pai. Jovita teria entregado o filho ao avô paterno e se alistado também. Rejeitada pelo Exército, teria voltado ao Piauí, onde soube pelo avô que o filho havia morrido. Desenganada, regressara ao Rio, onde se prostituíra e se apaixonara novamente, desta vez por Guilherme Noot, com o resultado já conhecido. O segundo folheto é o de Coaraci, não localizado, mas que, dada a familiaridade do autor com a biografia de Jovita, devia conter dados preciosos. O terceiro é o poemeto de Sisno de Fashera que faz Jovita descrever em versos sua própria vida, trazendo algumas novidades fatuais.

Ainda em 1868, J. M. P. [José Marcelino Pereira] de Vasconcelos publicou um capítulo sobre Jovita em sua *Seleta brasiliense*. Nele citou matérias de jornais da época, inclusive o obituário publicado no *Jornal do Commercio*. O capítulo vale pela inclusão do poema de Rangel Sampaio (ver p. 101), dedicado ao guarda da Santa Casa Francisco Mendes de Araújo, que providenciara sepultura individual para a suicida.[4]

Depois disso, é só em 1907 que F. A. Pereira da Costa faz menção a Jovita em sua *Cronologia histórica do estado do Piauí*, sem trazer novidades.[5] No dia 12 de março de 1912, o *Diário do Piauí* anunciou a conclusão de uma peça em três atos, intitulada *Jovita, ou A heroína de 1865*, escrita por Jônatas Batista, um colaborador do periódico. Dois anos depois, segundo o mesmo jornal (21 de abril de 1914), a peça foi encenada pela Sociedade Dramática Recreio Teresinense. Infelizmente, salvou-se apenas o primeiro ato da peça, que só cobre o período da vida de Jovita anterior a sua apresentação como voluntária. O tom da peça é de exaltação do patriotismo da jovem, que a levou, contra a vontade da família, a se apresentar como voluntária.[6]

Passaram-se 55 anos da morte da voluntária para que aparecesse no *Jornal de Recife* nota assinada por Bugia Brito intitulada "Heroína e mártir", que concluía dizendo que Jovita devia ser vista "como a mais alta expressão de civismo e bravura da mulher nortista-brasileira".[7] Em 1950, Gustavo Barroso, cearense como Jovita, dedicou-lhe um artigo elogioso na revista *O Cruzeiro*,[8] que não passa de uma repetição do livro de Um Fluminense. Mais interessante é o que se passou em 1957.

Em artigo na revista *Careta*, Umberto Peregrino informou que Dinah Silveira de Queiroz, mais tarde a segunda mulher a fazer parte da Academia Brasileira de Letras, encontrara em um sebo o livrinho de Um Fluminense e se encantara com a personagem de Jovita. Do encanto surgiu um conto, publicado em *As noites do morro do Encanto*, intitulado "Jovita". É a melhor peça de ficção até agora sobre a voluntária. A autora faz Jovita retornar a sua terra, depois de rejeitada pelo Exército, em busca de alívio para a dor causada pela frustração de seu sonho. Dinah fizera mais. Falara a Inezita Barroso sobre a heroína. A cantora achara que o tema dava filme, ideia que entusiasmou o diretor Osvaldo Sampaio. O projeto parece que não foi adiante.

Nova encenação da vida de Jovita deu-se em 1972, com peça escrita por Francisco Pereira da Silva, intitulada *Raimunda Jovita na roleta da vida, ou Quis o destino: de Pucella a Ninon*. Comédia em um ato, é o que de mais infeliz se escreveu até agora sobre Jovita. A voluntária é transformada em jovem debochada, falando gíria carioca, com direito a palavrões. A última cena mostra Jovita matando a punhalada o poeta Rangel, que lhe dedicara um poema. A peça foi dedicada a Fernanda Montenegro.[9]

A história de Jovita voltou a ser abordada quando da publicação, em 1993, do romance do escritor piauiense Assis Brasil intitulado *Jovita: missão trágica no Paraguai*. O autor foi o responsável por colocar em dúvida a morte da voluntária no Rio de Janeiro. Fazendo obra de ficção, aventou a possibilidade de ter ela seguido para o cenário da guerra e trabalhado com Ana Néri, de quem cita uma pretensa entrevista concedida no Rio de Janeiro. A voluntária teria morrido na batalha de Acosta Ñu, tentando salvar das chamas crianças e mulheres. Essa versão é admitida como possibilidade por Kelma Matos em seu livro de 2016.

Nessa liberdade ficcional não incidiu Walnice Nogueira Galvão, que teve acesso ao poema de Sisno de Fashera e ao obituário publicado no *Jornal do Commercio*. Walnice foi também quem primeiro analisou o caso de Jovita dentro de uma perspectiva de gênero.[10] A mesma perspectiva, mas agora vestida nas cores da militância feminista, está no livro paradidático dos cearenses Jansen e Baby Viana, *Jovita Feitosa: a garota que queria ser soldado*. A releitura da figura de Jovita na perspectiva da luta pela causa feminista pode ter influenciado sua escolha, em 2005, como patrona da cadeira 13 da Academia de Letras de Tauá, nome atual da terra onde nasceu, e, como já observado, sua inclusão, em 2018, no Livro dos Heróis da Pátria. A primeira mulher incluída na lista fora Ana Néri.

Em vida, a história de Jovita já se prestara a apropriações e leituras distintas. A primeira e principal apropriação, dentro da longa tradição das mulheres guerreiras, foi fazer dela uma defensora da pátria em perigo, uma Joana d'Arc brasileira a serviço da luta contra o inimigo externo. Os principais agentes desse esforço foram os presidentes de províncias, encarregados de atrair voluntários para a guerra. A tarefa foi facilitada pela exaltação patriótica surgida no início do conflito. Os presidentes beneficiavam-se mostrando serviço e fazendo-se credores de benesses oficiais, como promoções e títulos honoríficos. Entre os beneficiados, estavam também os fotógrafos, os empresários teatrais e a imprensa governista. O êxito do esforço foi inequívoco. O exemplo da jovem sertaneja incrementou o voluntariado, reforçou o patriotismo, ajudou a despertar o Império, na expressão de Machado de Assis.

Como contraponto ao retrato de heroína, formou-se, também com conotações políticas e perseguindo-a como uma sombra, a imagem da prostituta que quis ir à guerra para acompanhar o amante, da mulher pública que, em vez de uma Joana d'Arc, seria uma Théroigne de Méricourt. Após a morte de Jovita, configurou-se uma terceira imagem, preferida pelos poetas, a da heroína trágica renegada pela pátria, rejeitada pelo pai e abandonada pelo amante. Nessa visão, a vida infeliz e a morte trágica a absolviam de todos os seus pecados.

Essas visões contrastantes mostram que Jovita foi, já em sua época, um sinal de contradição. Serviu à exaltação romântica da mulher como heroína e símbolo da pátria, entidade pública por excelência. Mas, ao tentar sair do mundo simbólico, ao insistir em lutar como um guerreiro, atividade masculina por excelência, feria os valores de uma sociedade dominada por práticas patriarcais. Esses valores eram também atingidos pela transformação de Jovita em mulher pública no sentido moral do termo, isto é, em inimiga da privacidade do lar. Não foi pequeno mérito da voluntária ter sido pioneira na luta pelo papel público das mulheres, por sua libertação da prisão doméstica, pagando por isso alto preço.

Heroína da pátria, prostituta, vítima trágica de seus grandes amores, sinal de contradição, feminista *avant la lettre*, polissêmica, Jovita é tudo isso, um prato feito para poetas, romancistas, construtores de mitos, libretistas de ópera. Para o historiador, comprometido com a apresentação de evidências, é um desafio que vai além de coletar dados biográficos. Jovita já não é só ela, é também as apropriações que dela se fizeram e se continuarão a fazer, isto é, a ela mesma se junta o imaginário a que deu origem e que levou a sua oficialização como heroína nacional.

FONTES

O lúcido autor anônimo de um comentário publicado na *Semana Illustrada* de 17 de setembro de 1865 (podia ser Machado de Assis), um dia depois da resposta do Ministério da

Guerra, de que ele provavelmente ainda não tivera conhecimento, e antes da morte trágica de Jovita, já tinha percebido a complexidade embutida na trajetória da voluntária:

Novidades da semana.
    O leitor ou a leitora já viu a Jovita?
    Mas quem é a Jovita?
    É a curiosidade do dia, o ídolo da atualidade. O nome da moda, a pessoa do tom, a glória do Piauí, o orgulho do Ceará, a musa da guerra, disputada pelas vinte províncias do Império, a hóspede obrigada de todos os palácios, o delírio das plateias, a preocupação do Governo, a poesia do Exército encarnada sob a forma airosa de uma rapariga travessa, exaltada, graciosa, meiga, terrível, misteriosa.
    A Jovita é a fascinação do patriotismo; o sonho dos rapazes, os espinhos das moças, a inquietação das senhoras, a inveja das viúvas, a distração dos maridos, a admiração dos velhos, o *chiche* de todo o mundo.
    Mas quem é a Jovita? Palavra de honra que eu não sei mesmo o que seja a Jovita.
    Dizem que é uma moça, mas uma moça que é um homem; dizem que é um sargento, mas um sargento que usa de saias; Vênus moderna que sem atraiçoar nenhum Vulcano aliou-se francamente ao deus Marte e alegre e resoluta marcha para a guerra como para uma festa.

A Jovita, pensam também alguns e não sem razão, é uma feiticeira disfarçada.

O seu retrato anda por todas as mãos; ela em pessoa é procurada com ansiedade, todos a querem ver, todos a querem reconhecer, todos almejam por apertar-lhe a mão, e sabe Deus quantos suspiram por abraçá-la.

É a honra do país, dizem outros, virilidade do seu sexo, a exaltação dos sentidos, o delírio do patriotismo, o esforço supremo da fragilidade humana revoltada em face das atrocidades cometidas pelos selvagens agressores da pátria.

Ela vai como as deusas da mitologia surgir no meio das batalhas, envolta em nuvens de pó, de fumo e de sangue dardejar os raios ocultos nos seus olhares para fulminar os inimigos que ultrajaram duas vezes o pudor da nação e o pudor do seu sexo.

Quem serão os vencidos? Os soldados de López ou os soldados do Império? Aqueles depois da batalha ou estes antes da vitória? Serão os corpos ou as almas as primeiras feridas pela magia poderosa da heroína moderna?

Como quer que seja, a Jovita é um protesto, é exemplo, é um estímulo, é talvez uma censura.

Quando uma rapariga de dezoito anos empunha resolutamente as armas para ir desafrontar a honra nacional que homem, que brasileiro haverá por aí que não corra a alistar-se como voluntário envergonhado de haver sido precedido por uma menina frágil de corpo, mas valente de ânimo.

E se não é amor da glória ou o amor da pátria que a conduz, mas o amor e a dedicação por algum ente menos ideal, quem não se envergonhará de sentir pela pátria, pelo sagrado princípio da nacionalidade, menos fervor e entusiasmo do que revela essa moça pelo objeto de sua predileção?

———

Em 12 de abril de 2012, a deputada Sandra Rosado, do PSB do Rio Grande do Norte, apresentou na Câmara dos Deputados um projeto de lei que incluiu Jovita Alves Feitosa no Livro dos Heróis da Pátria, depositado no Panteão da Pátria e da Liberdade Tancredo Neves. Como é de praxe, anexou uma justificação. O projeto foi aprovado na Câmara em 10 de outubro de 2012, tendo como relator o deputado Miriquinho Batista, do PT do Pará. No Senado, o relator foi o senador Wellington Dias, do PT do Piauí, e a votação ocorreu em 7 de março de 2017.

Conhecer a justificação do projeto é importante por se tratar de um indicador do estado atual da construção da memória de Jovita. A autora do projeto justifica sua iniciativa ressaltando a determinação de Jovita em duas militâncias: a cívica e, talvez mais ainda, a feminista, por seu caráter pioneiro. A militância feminista de Jovita foi antecipada por sua inclusão no *Dicionário mulheres do Brasil*, publicado em 2000 e citado no texto da deputada. Para a militância cívica, as citações foram buscadas em um texto meu de natureza histórica, publicado em 2001, e em um romance do escritor piauiense Assis Brasil, publicado em 1993.

PROJETO DE LEI N.º 3 683, DE 2012

(Da sr.ª Sandra Rosado)

Inscreve o nome de Jovita Alves Feitosa no Livro dos Heróis da Pátria.

O Congresso Nacional decreta:

Art. 1.º Fica inscrito no Livro dos Heróis da Pátria, que se encontra no Panteão da Liberdade e da Democracia, em Brasília-DF, o nome de Jovita Alves Feitosa.

Art. 2.º Esta lei entra em vigor na data de sua publicação.

JUSTIFICAÇÃO

Jovita Alves Feitosa foi voluntária nas tropas brasileiras durante a Guerra do Paraguai. O *Dicionário mulheres do Brasil: de 1500 até a atualidade* a classifica como heroína e adianta que não há consenso quanto ao local onde nasceu, no estado [sic] do Piauí ou do Ceará, que sua história é envolta em mistério, assim como sua morte, em 1867. O fato é que Jovita é conhecida pela bravura e destemor com que, aos dezessete anos de idade, se preparou para lutar na Guerra do Paraguai, apesar do machismo e das convenções sociais da época.

Conta-se que, disfarçada de homem, com os cabelos cortados e usando um chapéu de couro, foi à capital, onde se agrupavam os *Voluntários da Pátria*, alistar-se para ir à guerra. Antes de partir foi, contudo, descoberta por outra mulher, que percebeu os furos em suas orelhas e a denunciou às autoridades. Ao ser levada para interrogatório policial, descartou a possibilidade de se alistar como auxiliar de enfermeira e manifestou a intenção de lutar nas trincheiras. Dessa forma conseguiu ser aceita no efetivo do estado [sic], com a permissão de Franklin Doria, o barão de Loreto, então presidente da província do Piauí, que lhe [sic] incluiu no Exército nacional como segundo-sargento.

Consta que, no navio a vapor que saiu de Teresina, havia 335 voluntários que seguiram até Parnaíba, onde outros combatentes se juntaram, perfazendo o total de 1 302 piauienses. A viagem seguiu pelo Maranhão, por Pernambuco, e chegou ao Rio de Janeiro em 9 de setembro de 1865.

Jovita tornou-se, no Rio, personalidade pública e notória. Todos queriam saber da mulher do Piauí que queria ir à guerra. Foi aclamada pelo povo e recebeu inúmeras homenagens, discursos e admirações devido à sua atitude patriótica. Apesar do clamor, o então ministro da Guerra, visconde de

Cairu [sic], expediu um ofício, negando-lhe permissão para a frente de combate e dando-lhe apenas o direito de agregar-se ao Corpo de Mulheres que iria prestar serviços compatíveis com a natureza feminina.

Impedida de ir aos campos de batalha, Jovita fixou-se no Rio de Janeiro, decepcionada com o acontecido. Longe de sua terra e de sua família e fortemente amargurada, envolveu-se com um engenheiro inglês chamado Guilherme Noot, passando com ele a viver [sic]. Depois das muitas frustrações e abandonada pelo amante, caiu em profunda depressão e acabou suicidando-se com uma punhalada no coração, com apenas dezenove anos de idade.

O escritor gaúcho [sic] Assis Brasil escreveu um romance histórico sobre sua vida: *Jovita: missão trágica no Paraguai* (1993). Segundo o *Dicionário mulheres do Brasil*, a editora assim apresenta o livro: "Humilhada e prostituída, vidente e guerreira, Jovita ressurge de página esquecida da História pelas mãos mágicas do romancista. Como Joana d'Arc, acredita num sonho e parte para a guerra [...]".

O historiador José Murilo de Carvalho, no livro *Cidadania no Brasil: um longo caminho*, ao abordar como as guerras são fatores importantes na criação de identidades nacionais, destaca o efeito da Guerra do Paraguai para a formação da ideia de pátria no Brasil. "Para muitos brasileiros, a ideia de pátria não tinha materialidade, mesmo após a Independência. Vimos que existiam no máximo identidades regionais. A guerra veio alterar a situação. De repente havia um estrangeiro inimigo que, por oposição, gerava o sentimento de identidade brasileira. [...] Podem-se mencionar a apresentação de milhares de voluntários no início da guerra, a valorização do hino e da bandeira, as canções e poesias populares. Caso marcante foi o de Jovita Feitosa, mulher que se vestiu de homem para ir à guerra a fim de vingar as mulheres brasileiras injuriadas pelos paraguaios. Foi exaltada como a Joana d'Arc nacional. Lutaram no Paraguai cerca de 135 mil brasileiros, muitos deles negros, inclusive libertos."

O Livro dos Heróis da Pátria, depositado no Panteão da Pátria e da Liberdade Tancredo Neves, destina-se ao registro perpétuo do nome dos brasileiros ou de grupos de brasileiros que tenham oferecido a vida à pátria, para sua defesa e construção, com excepcional dedicação e heroísmo. Jovita deixou sua família e terra natal, de forma voluntária, para se juntar à luta em defesa do Brasil na Guerra do Paraguai. Seu desejo se frustrou não por falta de coragem ou de perseverança, mas sim por sua condição feminina. Esse sonho, esse desejo, indiretamente acabou custando-lhe a vida. A história, mesmo que breve, dessa brava mulher contribuiu, certamente, para o engrandecimento do espírito cívico na época e como incentivo para a luta da emancipação da mulher brasileira. Por essas razões, o nome de Jovita Alves Feitosa deve figurar no Panteão da Pátria, razão pela qual solicito dos meus ilustres pares a aprovação da matéria.

Sala das Sessões, em 12 de abril de 2012.

Deputada SANDRA ROSADO[11]

CRONOLOGIA

1848

8 DE MARÇO _ Nasce Antônia Alves Feitosa (Jovita), filha de Simeão Bispo de Oliveira e Maria Rodrigues de Oliveira, em Brejo Seco, nos sertões de Inhamuns, Ceará, hoje Tauá.

1860

Morre a mãe de Jovita, vítima de cólera-morbo.

1864

12 DE NOVEMBRO _ Apreensão pelo Governo paraguaio do navio brasileiro *Marquês de Olinda*.

DEZEMBRO _ Jovita muda-se para a casa de seu tio Rogério, em Jaicós, Piauí.

28 DE DEZEMBRO _ O Paraguai ataca e toma o forte de Coimbra, no Mato Grosso.

1865

7 DE JANEIRO _ Decreto n.º 3371, assinado por todos os ministros e pelo presidente do Conselho, Francisco José Furtado, cria o Corpo de Voluntários da Pátria.

20 DE JUNHO _ Jovita sai de Jaicós para Teresina, acompanhando um batalhão de voluntários comandado pelo capitão Cordeiro.

INÍCIO DE JULHO _ Jovita chega a Teresina, nova capital do Piauí, a 379 km de Jaicós.

9 DE JULHO _ Jovita é interrogada pelo chefe de polícia José Manuel de Freitas.

10 DE JULHO _ D. Pedro II parte para Uruguaiana, declarando-se o primeiro voluntário da pátria.

10 DE AGOSTO _ Jovita embarca em vapor com 460 praças para Parnaíba, no litoral do Piauí, distante 379 km de Teresina.

AGOSTO _ Embarca no vapor *Gurupi* para São Luís, no Maranhão.

24 DE AGOSTO _ Chega a São Luís. Desembarcam só oficiais e Jovita, que é homenageada com um espetáculo teatral. Hospeda-se na casa do ajudante de ordens do presidente Lafaiete Rodrigues Pereira.

26 DE AGOSTO _ Embarca no vapor *Tocantins* em direção à Corte.

AGOSTO _ Chega à cidade de Paraíba (atual João Pessoa). Não há desembarque. Uma comissão vai a bordo e lhe doa um anel de brilhantes.

1.º DE SETEMBRO _ Chega ao Recife. É recebida pelo presidente da província, João Lustosa da Cunha Paranaguá, em cujo palácio fica hospedada. É homenageada com espetáculo no Teatro Santa Isabel.

4 DE SETEMBRO _ Chega a Salvador no *Tocantins*. É recebida em palácio pelo presidente, Manuel Pinto de Sousa Dantas.

SETEMBRO _ Embarca no *Tocantins* para o Rio de Janeiro.

9 DE SETEMBRO _ Chega ao Rio de Janeiro.

12 DE SETEMBRO _ Espetáculo em sua homenagem no Teatro de São Pedro de Alcântara.

16 de setembro _ Despacho do ajudante-general do Exército recusa sua incorporação como combatente.

setembro _ O ministro da Guerra José Antônio Saraiva manda-lhe carta amigável explicando a decisão e oferecendo apoio para o regresso dela à família. Passa a residir na casa do deputado piauiense Polidoro César Burlamaqui.

19 de setembro _ Espetáculo no Teatro de São Pedro de Alcântara.

23 de setembro _ Espetáculo beneficente no Teatro Lírico Fluminense para financiar seu regresso ao Piauí.

2 de outubro _ Espetáculo beneficente no Ginásio Dramático.

9 de novembro _ D. Pedro II regressa do Sul.

17 de novembro _ Sai em vapor de São Luís para Teresina, via Caxias, com passagem paga pelo Ministério da Guerra. Em Teresina, hospeda-se na casa do inspetor do Tesouro Fernando da Costa Freire.

1865

Publicação de *Traços biográficos da heroína brasileira Jovita Alves Feitosa*, por Um Fluminense (José Alves Visconti Coaraci).

1866

fevereiro _ Jovita decide regressar ao Rio de Janeiro utilizando os recursos dos espetáculos beneficentes.

8 de março _ Sai do Recife no vapor *Paraná*, rumo ao Sul.

18 de março _ Chega de volta à Corte.

1867

9 de janeiro _ O *Diário do Rio de Janeiro* anuncia nova chegada de Jovita à Corte no vapor *Galgo*, vindo de Montevidéu, com escala em Santa Catarina.

9 de outubro _ Às 8h o engenheiro inglês William Noot parte no paquete *Oneida* para Southampton; às 17h30, Jovita suicida-se com uma punhalada no coração no quarto ocupado por Noot, em residência da Praia do Russel, 43.

10 de outubro _ Jovita é sepultada no cemitério de São Francisco Xavier, no quadro 2.º, sob o número 3587. O enterro custou 6$000.

15 de outubro _ Missa na igreja da Lapa, às 8h.

16 de outubro _ Missa na matriz de Santo Antônio dos Pobres, promovida por amigas, às 8h; missa na igreja da Misericórdia, às 8h30.

1867 _ Publicação de *Jovita, a voluntária da morte*, por j. c. (José Alves Visconti Coaraci).

1867 _ Publicação de *Homenagem póstuma a Jovita*, por Sisno de Fashera.

1868

Publicação de *Jovita*, por Sabbas da Costa.

1876

16 de fevereiro _ Vara de Ausentes convoca herdeiros, entre outros, de Jovita Alves Feitosa.

19 de fevereiro _ Arresto pelo seu espólio.

2005

Jovita é escolhida patrona da cadeira 13 da Academia Tauaense de Letras.

2012

12 de abril _ A deputada Sandra Rosado (psb-rn) apresenta na Câmara dos Deputados o projeto de lei n.º 3 683/2012, que inscreve o nome de Jovita no Livro dos Heróis da Pátria.
10 de outubro _ O projeto é aprovado na Câmara, com voto do relator Miriquinho Batista (pt-pa).

2017

7 de março _ Aprovado no Senado o projeto de lei n.º 3 683/2012, com voto do relator Wellington Dias (pt-pi).
27 de março _ O projeto é transformado na lei n.º 13 423, que inscreve Jovita no Livro dos Heróis da Pátria.

2018

12 de dezembro _ Em cerimônia oficial, Jovita foi inscrita no Livro dos Heróis da Pátria, depositado no Panteão da Pátria e da Liberdade Tancredo Neves, em Brasília.

NOTAS

TRAÇOS BIOGRÁFICOS DA HEROÍNA BRASILEIRA JOVITA ALVES FEITOSA (P. 12-40)

1 *Traços biográficos da heroína brasileira Jovita Alves Feitosa*, ex-sargento do 2.º corpo de voluntários do Piauhy, natural do Ceará, por Um Fluminense. Rio de Janeiro: Tipografia Imparcial de Brito & Irmão, 1865, 44 p. O folheto foi escrito logo após a recusa do Exército em aceitar Jovita como voluntária combatente. Ao lado dos jornais, continua sendo a principal fonte de informação confiável sobre a jovem cearense e inclui um dos poucos retratos dela que chegaram até nós. A ortografia e a pontuação foram atualizadas.

2 Um Fluminense é José Alves Visconti Coaraci (Niterói, 1837-92), então funcionário da Secretaria do Ministério da Guerra. Foi tradutor, teatrólogo, romancista. Seu arquivo encontra-se na Fundação Casa de Rui Barbosa, no Rio de Janeiro. Sacramento Blake menciona outro livro seu, *Jovita ou a voluntária da morte: romance histórico*, publicado em 1867, após a morte de Jovita, com 91 páginas. Jornais da época confirmam a existência desse livro. Seria um documento inestimável, mas todos os esforços para localizá-lo foram em vão. Coaraci publicou ainda, em 1873, um romance intitulado *Amor que mata*, em que aparece um personagem inglês, inspirado talvez em Guilherme Noot.

3 *A Imprensa*, 27 jul. 1865, p. 4. Há pequenas diferenças entre a reprodução e o texto original. Mantive o texto da reprodução.

4 *Liga e Progresso*, 19 jul. 1865, p. 4. Novamente, há pequenas diferenças com o texto original.

5 Joana d'Arc (1412-31), chamada a Donzela de Orléans, foi uma camponesa analfabeta que aos dezesseis anos se apresentou, usando trajes masculinos, ao futuro Carlos VII para liderar a luta contra os ingleses e seus aliados franceses na Guerra dos Cem Anos (1337-1453). Presa, foi condenada e queimada na fogueira pelos ingleses. Hoje é padroeira da França e santa da Igreja católica. Na umbanda, é o orixá Obá.

6 Yolande d'Anjou, duquesa de Loraine (1428-83): filha do rei de Nápoles, René d'Anjou.

7 "Elas têm o direito de subir à tribuna, já que têm o de subir ao cadafalso."

8 Marie-Anne Charlotte Corday d'Armont (1768-93): antirrevolucionária, assassinou Jean-Paul Marat e foi guilhotinada.

9 Jeanne-Marie "Manon" Roland, conhecida como Madame Roland (1754-93): intelectual francesa, dona de um *salon*, que se envolveu na Revolução adotando o partido dos girondinos. Foi presa, condenada e guilhotinada em 1793.

10 Anne-Josèphe Théroigne de Méricourt (1762-1817): cortesã de origem belga, participou intensamente da Revolução Francesa, trajando roupa masculina de montaria. Batalhou por tratamento igual para as mulheres entre os revolucionários. Em 1793, tendo aderido aos girondinos, foi despida e espancada por mulheres jacobinas. Enlouqueceu, foi internada e morreu no hospício 24 anos depois. A imprensa realista a difamava chamando-a de puta dos patriotas.

11 Maria Luísa Teresa de Saboia, conhecida como Princesa de Lamballe (1749-92): amiga íntima de Maria Antonieta. Presa, foi tirada da cadeia, interrogada e massacrada na rua em 3 de setembro de 1792.

12 Trecho reproduzido do *Diário de Pernambuco*, 2 set. 1865, p. 1.

13 Poema publicado em *A Constituição*, 15 set. 1865, p. 3. É obra do romancista e poeta cearense João Franklin da Silveira Távora (1842-88). Político, jornalista e romancista, ficou conhecido, sobretudo, por seu romance *O Cabeleira*. Patrono da cadeira 14 da Academia Brasileira de Letras.

14 Robert de Beaudricourt (*c.* 1400-54) auxiliou Joana d'Arc no início da campanha, escoltando-a, em 1429, até a corte de Charles de Valois, delfim de França e futuro Carlos VII.

15 Serenidade (?).

A GUERRA DO PARAGUAI E OS VOLUNTÁRIOS DA PÁTRIA (P. 41-58)

1 Foi grande a presença de guerreiras na Guerra Civil norte-americana, recém-concluída, em ambos os lados do conflito. Há notícia de 250 combatentes usando nomes e trajes masculinos. É o que nos contam Anne Blanton e Lauren M. Cook no livro *They fought like demons: women soldiers in the Civil War* (Baton Rouge: Louisiana State University Press, 2002). Agradeço a Ana Maria Machado essa referência. Bom estudo sobre mulheres guerreiras, que inclui algumas páginas dedicadas a Jovita, é o de Walnice Nogueira Galvão, intitulado *A donzela-guerreira, um estudo de gênero* (São Paulo: Editora Senac, 1997).

2 *Semana Illustrada*, 17 set. 1865, p. 7.

3 Os dois poemas de Machado de Assis podem ser encontrados na *Obra completa* publicada pela Nova Aguilar em 2008, v. III, p. 763-4 e 768-70.

4 Ver seu livro *História do Brasil na poesia do povo*, p. 243 e 236.

5 Hino escrito por Joaquim Nabuco. *Semana Illustrada*, 15 out. 1865, p. 6.

A VOLUNTÁRIA DA PÁTRIA JOVITA ALVES FEITOSA (P. 59-67)

1   Franklin Américo de Menezes Doria (1836-1906) era baiano de nascimento. Em 1868, graças ao casamento com uma filha do marquês de Paranaguá, vinculou-se a importantes famílias piauienses. Foi presidente do Piauí, do Maranhão e de Pernambuco, e ministro em 1881 e no último gabinete do Império, em 1889. Além de político e advogado, destacou-se como homem de letras. Foi um dos fundadores da Academia Brasileira de Letras e presidente do Instituto Histórico e Geográfico Brasileiro. Sua mulher, Maria Amanda, era amiga íntima da princesa Isabel. O casal acompanhou o imperador e sua família no exílio, em 1889.

2   João Lustosa da Cunha Paranaguá (1821-1912) era chefe político da comarca de Paranaguá, no Piauí, onde possuía grandes propriedades. Um dos líderes do Partido Liberal, foi deputado pelo Piauí (1850-65), senador (1865-89), ministro e presidente do Conselho de Ministros. Em 1866, foi ministro da Justiça e da Guerra. Era muito próximo da Corte. Sua família foi acusada de forjar pretensos voluntários em troca de benefícios políticos.

3   Os jornais divergem em relação ao posto concedido a Jovita. Às vezes falam em segundo-sargento, às vezes em primeiro. Adotei a primeira versão, mais plausível. Ser admitida como segundo-sargento já era algo excepcional.

4   *Liga e Progresso*, 19 jul. 1865.

5   *Jornal do Recife*, 9 set. 1865.

6   Na entrevista concedida a Coaraci, deu como nomes dos pais Maximiano Bispo de Oliveira e Maria Alves Feitosa.

7   Ver o livro *Traços biográficos*, de Um Fluminense, reproduzido nas p. 12-40.

8 *Homenagem póstuma a Jovita. Com uma carta do il.ᵐᵒ sr. dr. J. M. Velho da Silva*. Rio de Janeiro: Tipografia Perseverança, 1867, p. 20.

---

37 DIAS DE GLÓRIA (P. 68-96)

1 Lafaiete Rodrigues Pereira (1834-1917): político liberal mineiro e jurista de renome, presidente do Ceará (1864) e do Maranhão (1865). Assinou o Manifesto Republicano de 1870, mas voltou atrás e foi presidente do Conselho de Ministros (1883-4). Em 1909, sucedeu a Machado de Assis na cadeira 23 da Academia Brasileira de Letras.

2 Francisco Muniz Barreto (1804-68): poeta baiano, famoso por sua habilidade de repentista. Seus versos estão reproduzidos à frente.

3 *Jornal do Commercio*, 10 set. 1865.

4 João Franklin da Silveira Távora (1842-88), cearense, foi escolhido patrono da cadeira 14 da Academia Brasileira de Letras.

5 10 set. 1865.

6 Manuel Pinto de Sousa Dantas (1831-94) era baiano e filho de senhor de engenho. Um dos principais chefes do Partido Liberal, além de presidente da Bahia, foi deputado e senador por essa província e presidente do Conselho de Ministros, ocasião em que apresentou à Câmara o projeto da Lei dos Sexagenários.

7 Esse hino não foi localizado.

8 *A Constituição*, 15 set. 1865, p. 3.

9 *Jornal do Commercio*, 27 ago. 1865, p. 1. Autor não identificado.

10 *A Constituição*, 17 out. 1865, p. 3.

11 *Correio Paulistano*, 17 nov. 1865, p. 2.

12 *Correio Paulistano*, 15 nov. 1865, p. 3.

13 *Jornal do Commercio*, 18 set. 1865, p. 2.

14 *Semana Illustrada*, 1.º out. 1865, p. 6.

15 *Diário de São Paulo*, 1.º out. 1865, p. 2. O Roceiro na Capital era Pedro Taques de Almeida Alvim (1791-1869), jornalista e poeta satírico. Ver Affonso de Freitas, *Tradições e reminiscências paulistanas*, p. 110-15.

16 *Jornal do Commercio*, 14 set. 1865, p. 2.

A VOLUNTÁRIA DA MORTE (P. 97-115)

1 Polidoro César Burlamaqui foi deputado liberal pelo Piauí na 12.ª (1864-6) e na 13.ª legislaturas (1867-8). Foi presidente do Paraná em 1866 e do Piauí em 1867. Foi substituído na 14.ª legislatura (1869-72) pelo conservador Antônio Coelho Rodrigues, que atacou o tratamento dado a Jovita pelo presidente Doria, do Piauí. Já na República, fez parte, como desembargador, do então criado Tribunal de Justiça do Estado do Piauí. Anúncio do *Jornal do Commercio* de 20 de outubro de 1865, p. 1, dá como residência do deputado Burlamaqui a rua Santo Amaro n.º AA. Segundo observação de Pedro Auler, nos endereços as letras deviam ser precedidas de algarismo. Havia uma rua Santo Amaro na Glória e outra no Caju. Esta última foi mais tarde dividida em duas. Uma delas, a rua General Sampaio, tinha uma edificação térrea com o número 10A. Seria essa? Não há como resolver o problema.

2 *Publicador Maranhense*, 16 nov. 1865.

3 Dinah Silveira de Queiroz, "Jovita", em *As noites do morro do Encanto*. São Paulo: Círculo do Livro, 1957, p. 11-28.

4 *Diário do Rio de Janeiro*, 9 jan. 1867.

5 *Correio Mercantil*, 11 out. 1867.

6 Sisno de Fashera, *Homenagem póstuma a Jovita. Com uma carta do il.^{mo} sr. dr. J. M. Velho da Silva*. Rio de Janeiro: Tipografia Perseverança, 1867, p. 48.

7 Referência a Anne Ninon de Lenclos (1620-1705), famosa cortesã francesa.

8 Citado em J. M. P. de Vasconcelos, *Seleta brasiliense*, p. 127-30. João Severino Rangel de Sampaio (Rio de Janeiro, 1838-1900) foi funcionário público, jornalista e homem de letras.

9 *O Cearense*, 27 out. 1867, p. 2-3.

10 *Pedro II*, 30 out. 1867, p. 2.

11 *Diário de São Paulo*, 15 out. 1867, p. 2.

12 *Correio Mercantil*, 11 out. 1867.

13 William Noot (1838-1920) nasceu no País de Gales. Trabalhou no Brasil como engenheiro da companhia City Improvements. Em 1869, já de volta à Europa, casou-se com Anne Bidmead. Mais tarde, o casal mudou-se para o Canadá e depois para os Estados Unidos, onde Noot faleceu em 1920. Agradeço a Leslie Bethell e Oliver Marshall por essas informações. Estranhamente, Assis Brasil afirma ter visto o nome de Noot no mausoléu da família no Cemitério dos Ingleses no Rio de Janeiro.

14 João Frederico Russel, filho de pais ingleses, e um sócio foram contratados em 1857 pelo Governo imperial para a construção de esgotos na cidade. Sem conseguir recursos para a obra, repassou em 1863 a concessão para a The Rio de Janeiro City Improvements Company Ltda., que executou as obras na Glória entre 1863 e 1864, construindo a estação de tratamento. Sua casa localizava-se onde hoje fica o Hotel Glória.

15 Segundo Hermeto Lima, as mulheres no Rio de Janeiro em geral suicidavam-se tomando veneno. O método mais violento escolhido por Jovita talvez se explique por sua condição de sertaneja acostumada a presenciar ou mesmo a executar com faca ou punhal o sacrifício de animais.

16 *Jornal do Commercio*, 11 out. 1867.

17 A rua das Mangueiras teve o nome alterado em 1871 para Visconde de Maranguape. O n.º 36, localizado do lado direito, em frente ao que é hoje a Sala Cecília Meireles, pertencia em 1877 a Frutuoso Guilherme de Sousa e não existe mais. Agradeço a Pedro Auler por este e outros esclarecimentos. Segundo Brasil Gerson, a denominação provinha do fato de a rua atravessar a Chácara das Mangueiras, propriedade do governador Gomes Freire. Ainda segundo esse autor, era área de residências nobres. Ver *Ruas do Rio*, p. 228-29. O endereço fica a apenas uns vinte minutos a pé da rua do Russel.

18 A sepultura, ou nicho, 3 587 não pôde ser localizada no cemitério, hoje sob administração da empresa Reviver. Muitos nichos perto desse número estão em mau estado de conservação, com nomes e números totalmente apagados.

19 De acordo com Hermeto Lima, em *O suicídio no Rio de Janeiro*, segundo estatísticas referentes aos anos 1908-12, mulheres pobres, sobretudo prostitutas, matavam-se mais que homens por razões amorosas. Quando abandonadas pelos amantes, "buscavam na morte o remédio para sua infelicidade" (p. 18-20).

20 *Correio Mercantil*, 11 out. 1867, p. 2.

21 Buscas nos arquivos da polícia não conseguiram localizar esses documentos.

22 *Jornal do Commercio*, 11 out. 1867, p. 1, e *Pedro II*, 30 out. 1867, p. 2.

23 *Semana Illustrada*, 20 out. 1867, p. 3.

CONCLUSÃO: JOVITA POLISSÊMICA (P. 116-30)

1 Antônio Coelho Rodrigues (1846-1912): jurista e político, deputado do Partido Conservador pelo Piauí (1869-72 e 1878-86), senador, prefeito do Rio de Janeiro (1900-3).

2 *O Piauhy*, 9 out. 1869.

3 *Diário do Rio de Janeiro*, 19 fev. 1876.

4 José Marcelino Pereira de Vasconcelos (Vitória, 1821-Rio de Janeiro, 1874) ficou conhecido pela publicação de vários manuais de procedimentos jurídicos e policiais. Foi escolhido patrono da cadeira 13 da Academia Espírito-Santense de Letras. Em sua *Seleta*, coloca Jovita entre grandes figuras da história brasileira, como Alexandre de Gusmão, Tiradentes, Estácio de Sá e Gonçalves Dias. Dá particular atenção ao papel das mulheres. Além de Jovita, menciona Clara Felipe Camarão, Maria Bárbara, Manuela Maria de Sousa, Maria Úrsula de Abreu Alencastre e Rosa Maria de Sequeira.

5 F. A. Pereira da Costa (Recife, 1851-1923). Formado em direito, produziu vasta obra historiográfica. Foi fundador da Academia Pernambucana de Letras, onde ocupou a cadeira de número 9.

6 Jônatas Batista (1885-1935) destacou-se no mundo letrado de Teresina como jornalista, teatrólogo e polemista. Foi um dos fundadores, em 1917, da Academia Piauiense de Letras. Em 2019, após a publicação da primeira edição deste livro, o primeiro ato do drama foi reencenado em Teresina no Theatro 4 de Setembro, sob a direção de João Vasconcelos. Jovita foi representada pela atriz Cláudia Souza.

7 *Jornal do Recife*, 1.º maio 1931, p. 1.

8 *O Cruzeiro*, 27 maio 1950, p. 22, 34, 90.

9 Francisco Pereira da Silva (1918-85) era piauiense. Veio para o Rio de Janeiro em 1942. Foi funcionário da Biblioteca Nacional e teatrólogo. Suas peças em geral eram bem avaliadas pela crítica, nem tanto pelo público.

10 Ver Walnice Nogueira Galvão, A *donzela-guerreira: um estudo de gênero*, publicado em 1998. Na mesma linha está o artigo de Ana Maria Machado, "Jovita e companhia", publicado na *Revista Brasileira*, em 2018.

11 *Diário da Câmara dos Deputados*, ano LXVII, n.º 55, 13 abr. 2012. Brasília, DF, p. 1732-3.

FONTES E BIBLIOGRAFIA

FONTES

Jornais

PIAUÍ
O Piauhy: Órgão do Partido Conservador
Liga e Progresso
A Imprensa: Periódico Político, Órgão do Partido Liberal
Moderação (MA)

CEARÁ
A Constituição
O Cearense
Pedro II

PERNAMBUCO
Jornal do Recife

SÃO PAULO
Diário de São Paulo

RIO DE JANEIRO
Careta
Correio Mercantil
Jornal do Commercio
Diário do Rio de Janeiro
Cruzeiro do Sul: Órgão do Instituto Católico
Diário do Povo

La Gazette du Brésil. Édition des Paquebots Transatlantiques

O Cruzeiro

Annaes do Parlamento Brasileiro

Brochuras da época

Um Fluminense [José Alves Visconti Coaraci]. *Traços biográficos da heroína brasileira Jovita Alves Feitosa, ex-sargento do 2º. corpo de voluntários do Piauhy, natural do Ceará*. Rio de Janeiro: Tipografia Imparcial de Brito & Irmão, 1865, 91 p.

J. C. [José Coaraci]. *Jovita, a voluntária da morte*. Rio de Janeiro, 1867. Anunciado em *A Constituição*, 14 nov. 1867, p. 2; no *Jornal do Commercio*, 17 nov. 1867, p. 3, e no *Diário do Rio de Janeiro*, 29 out. 1867, p. 2. O último diz: "Fomos obsequiados com uma brochura intitulada *Jovita, a voluntária da morte*. É a narração da vida acidentada da infeliz Jovita Alves Feitosa que há poucos dias pôs termo à existência suicidando-se. O assunto é interessante e o estilo despretensioso". O anúncio do *Jornal do Commercio* diz que o produto da venda será aplicado em favor da sepultura de Jovita. A brochura não foi localizada.

Coaraci, José Alves Visconti. *Amor que mata*. Rio de Janeiro: Tipografia Acadêmica, 1873.

Costa, Sabbas da. "Jovita". *Semanário Maranhense*, 12 jan. 1868, p. 6-7; 19 jan. 1868, p. 3-4; 2 fev. 1868, p. 3-5.

Pedro Luís [Pereira de Sousa]. "Os voluntários da morte". Poema anunciado na *Semana Illustrada*, 11 dez. 1864, p. 2, e distribuído aos assinantes. Não localizado.

Sisno de Fashera [pseudônimo]. *Homenagem póstuma a Jovita. Com uma carta do il.ᵐᵒ sr. dr. J. M. Velho da Silva*. Rio de Janeiro: Tipografia Perseverança, 1867, 88 p.

Vasconcelos, J. M. P. [José Marcelino Pereira de]. *Seleta brasiliense ou Notícias, descobertas, observações, factos e curiosidades em relação aos homens, à história e cousas do Brasil*. Rio de Janeiro: Tipografia Universal de Laemmert, 1868, p. 123-30.

[Sem indicação de autor]. *Jovita*. Anunciado na *Opinião Liberal*, 15 out. 1868, p. 4. Vendido a 1$000. Rua Gonçalves Dias, 60. Não localizado.

BIBLIOGRAFIA

Araújo, Johny Santana de. *Bravos do Piauí! Orgulhai-vos...: a propaganda nos jornais piauienses e a mobilização para a Guerra do Paraguai, 1865-1866*. Teresina: EDUFPI, 2015.

Barreto Filho, Melo; Lima, Hermeto. *História da polícia do Rio de Janeiro: aspectos da cidade e da vida carioca, 1831-1870*. Rio de Janeiro: Empresa A Noite, [1943].

Barroso, Gustavo. "Uma cearense voluntária da pátria". *O Cruzeiro*, 27 maio 1950, p. 22, 34, 90.

Batista, Jônatas. *Jovita, ou A heroína de 1865*. In: *Poesia e prosa*. 2.ª ed. Teresina: Academia Piauiense de Letras, 2015, p. 201-13.

Blanton, Anne; Cook, Laura M. *They fought like demons: women soldiers in the Civil War*. Baton Rouge: Louisiana State University Press, 2002.

Brasil, Assis. *Jovita: missão trágica no Paraguai*. Rio de Janeiro: Nótyra, 1992 (romance histórico).

Calmon, Pedro. *Franklin Doria, barão de Loreto*. Rio de Janeiro: Biblioteca do Exército Editora, 1981.

_____. *História do Brasil na poesia do povo*. Rio de Janeiro: Bloch Editores, 1973.

Carvalho, José Murilo de. *Cidadania no Brasil: o longo caminho*. Rio de Janeiro: Civilização Brasileira, 2001.

Chandler, Billy Jaynes. *Os Feitosas e o sertão dos Inhamuns: a história de uma família e uma comunidade no Nordeste do Brasil, 1700-1930*. Rio de Janeiro: Civilização Brasileira, 1980.

Costa, F. A. Pereira da. *Cronologia histórica do estado do Piauí*. Pernambuco: Tipografia do Jornal do Recife, 1909.

Costa, Nelson Nery. *História piauiense: aventura, sonho e cultura*. Teresina: Academia Piauiense de Letras, 2018.

Doratioto, Francisco. *Maldita guerra: nova história da Guerra do Paraguai*. São Paulo: Companhia das Letras, 2002.

Dourado, Maria Teresa Garritano. *Mulheres comuns, senhoras respeitáveis: a presença feminina na Guerra do Paraguai*. Disponível em: http://www.dominiopublico.gov.br/pesquisa/DetalheObraForm.do?select_action=&co_obra=18935. Acesso em: 26 fev. 2020.

_____. "Tropas femininas em marcha". *Nossa História*, ano 2, n.º 13 (nov. 2004), p. 38-41.

Duarte, Paulo de Queiroz. *Os voluntários da pátria na Guerra do Paraguai: o comando de Osório*. Rio de Janeiro: Biblioteca do Exército Editora, 1986, v. 2, t. III, p. 187-8; v. 2, t. V, p. 1-8.

Flores, Hilda Agnes Hübner. *Mulheres na Guerra do Paraguai*. Porto Alegre: EdiPUCRS, 2010.

Freitas, Affonso A. de. *Tradições e reminiscências paulistanas*. São Paulo: Edição da Revista do Brasil, Monteiro Lobato & Cia. Editores, 1921.

Galvão, Walnice Nogueira. *A donzela-guerreira: um estudo de gênero*. São Paulo: Editora Senac, 1997, p. 103-12.

Gerson, Brasil. *História das ruas do Rio*. 5.ª ed. Rio de Janeiro: Lacerda Ed., 2000.

Guimarães, Humberto. *A Voluntária da Pátria*. Teresina: EDUFPI, 1992.

Lima, Hermeto. *O suicídio no Rio de Janeiro*. Rio de Janeiro: Imprensa Nacional, 1913.

_____. *A prostituição no Rio de Janeiro*. Rio de Janeiro: Livraria João do Rio, 1929.

Machado, Ana Maria. "Jovita e companhia". *Revista Brasileira*, fase IX (abr.-maio-jun. 2018), n.º 95, p. 53-5.

Matos, Kelma. *Jovita Feitosa*. Fortaleza: Edições Demócrito Rocha, 2016.

Oliveira, Valdeci Batista de Melo. *Figurações da donzela-guerreira. Luzia Homem e dona Guidinha do Poço*. São Paulo: Annablume, 2005.

Peregrino, Umberto. "A história militar brasileira no cinema". *Careta*, 21 set. 1957, p. 30.

Pimentel, J. S. de Azevedo. *Episódios militares*. Rio de Janeiro: Biblioteca do Exército Editora, 1978.

Pinto, José Gomes. *Jovita Feitosa: a Joana d'Arc brasileira*. Rio de Janeiro: Gráfica e Copiadora Father, 2019. Cordel.

Queiroz, Dinah Silveira de. "Jovita", em *As noites do morro do Encanto*. São Paulo: Círculo do Livro, 1957, p. 11-28.

Schumaher, Shuma; Brazil, Érico Vital (org.). *Dicionário mulheres do Brasil: de 1500 até a atualidade*. Rio de Janeiro: Zahar, 2000.

Silva, Eduardo. *Dom Obá II d'África, o príncipe do povo*. São Paulo: Companhia das Letras, 1997.

Silva, Francisco Pereira da. *Raimunda Jovita na roleta da vida, ou Quis o destino: de Pucella a Ninon*. Org. Virgílio Costa. *Teatro completo*. Rio de Janeiro: Funarte, 2009, v. III, p. 123-36.

Sousa, Eusébio de. *História militar do Ceará*. [Fortaleza]: Ed. Instituto do Ceará, 1950.

Viana, Jansen; Viana, Baby. *Jovita Feitosa: a garota que queria ser soldado*. Fortaleza: Livro Ideal, 2010.

CRÉDITOS DAS ILUSTRAÇÕES

p.12: Um Fluminense [José Alves Visconti Coaraci, 1837-92], *Traços biographicos da heroina brasileira Jovita Alves Feitosa*. Rio de Janeiro: Tipografia Imparcial de Brito & Irmão. 1865. Acervo: Biblioteca Brasiliana Guita e José Mindlin

p. 54: Wikimedia

p. 54: *Os voluntários da pátria na Guerra do Paraguai*, de Paulo de Queirós Duarte, v. 2, t. III. Rio de Janeiro: Biblioteca do Exército Editora, 1984, p. 130. Reprodução: Jaime Acioli

p. 55: *Coleção Princesa Isabel: fotografia do século XIX*, de Pedro e Bia Corrêa do Lago. Rio de Janeiro: Editora Capivara, 2013, p. 158. Reprodução: Jaime Acioli

p. 56: Acervo da Fundação Biblioteca Nacional — Brasil

p. 57: Acervo da Fundação Biblioteca Nacional — Brasil

p. 58: Boston Public Library

p. 65: Acervo da Fundação Biblioteca Nacional — Brasil

p. 66: Instituto Histórico e Geográfico Brasileiro

p. 67: Acervo da Fundação Joaquim Nabuco — Ministério da Educação

p. 96: Acervo da Fundação Biblioteca Nacional — Brasil

p. 96: Wikimedia

p. 107 e 108: Acervo Santa Casa do Rio de Janeiro. Reprodução: Jaime Acioli

p. 109: Acervo da Fundação Biblioteca Nacional — Brasil

Este livro foi composto em Freight text em fevereiro de 2019 e março de 2020.